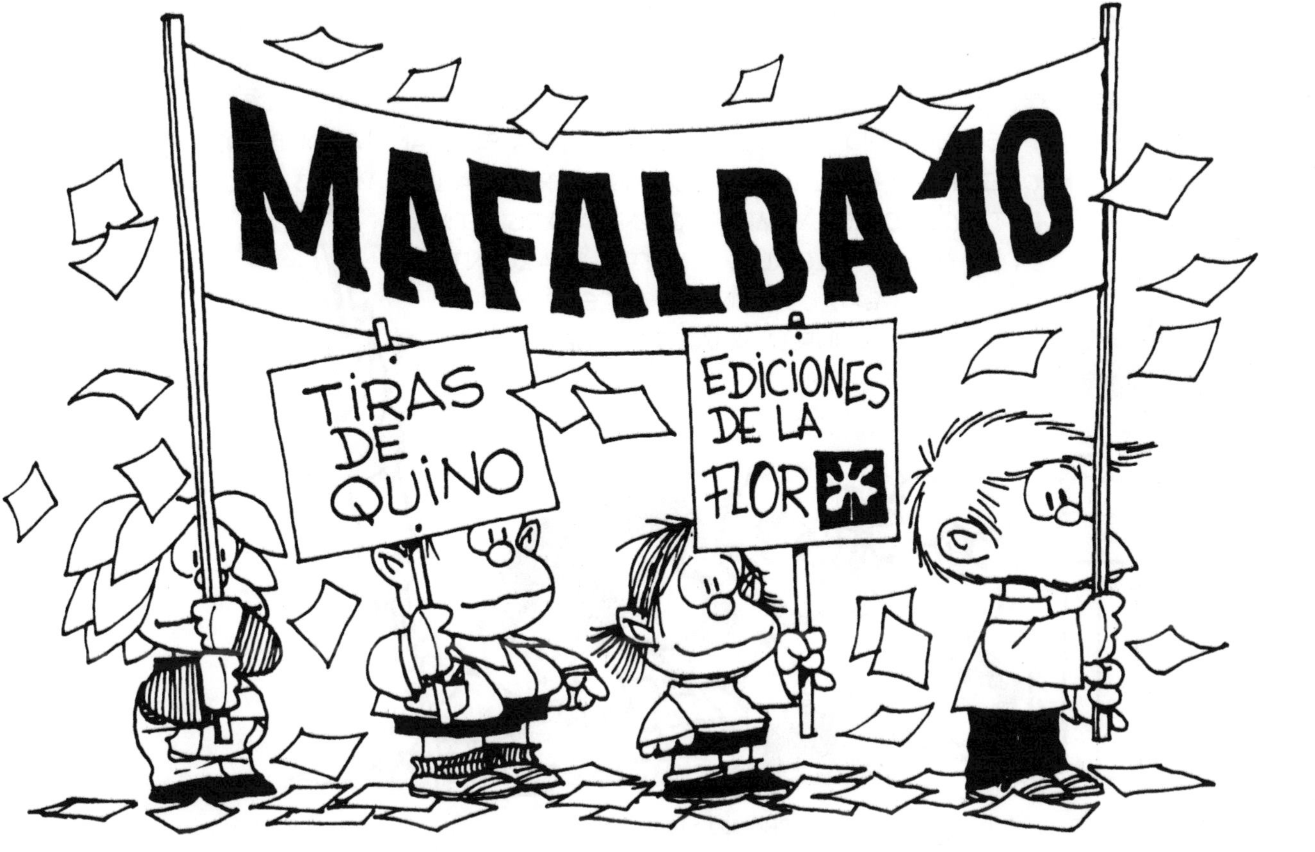
MAFALDA 10
TIRAS DE QUINO
EDICIONES DE LA FLOR

...Y EN LA ACTUAL COYUNTURA EN LA QUE EL COPYRIGHT DE ESTE LIBRO ES DE QUINO, EN LA QUE © EDICIONES DE LA FLOR S.R.L. (GORRITI 3695, C1172ACE BUENOS AIRES, ARGENTINA, WWW.EDICIONESDELAFLOR.COM.AR) EDITA ESTE VOLUMEN CON TIRAS QUE SE PUBLICARON EN "SIETE DÍAS ILUSTRADOS", CON ISBN 978-950-515-610-8 Y CON TAPA DE ANA SIRINIAN, NO DEBEMOS IGNORAR QUE QUEDA HECHO EL DEPÓSITO QUE MARCA LA LEY 11.723, NI QUE ESTE LIBRO ESTÁ IMPRESO EN LA ARGENTINA Y, POR QUÉ NO DECIRLO, PRINTED IN ARGENTINA, PERO UN PRINTED NUESTRO, LIBRE DE INFLUENCIAS FORÁNEAS QUE...

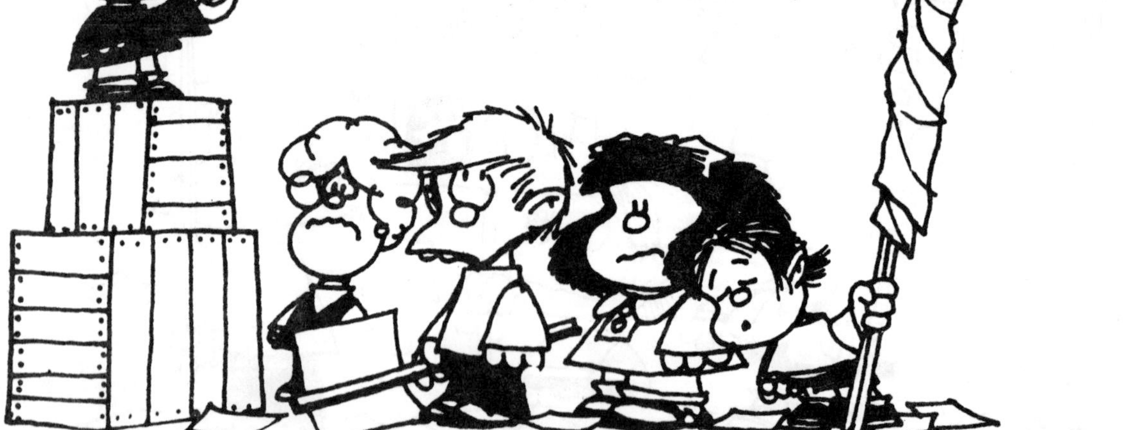

ISBN 950-515-610-3

www.edicionesdelaflor.com.ar

a Mafalda, Felipe, Manolito, Susanita, Miguelito, Guille y Libertad.

QUINO

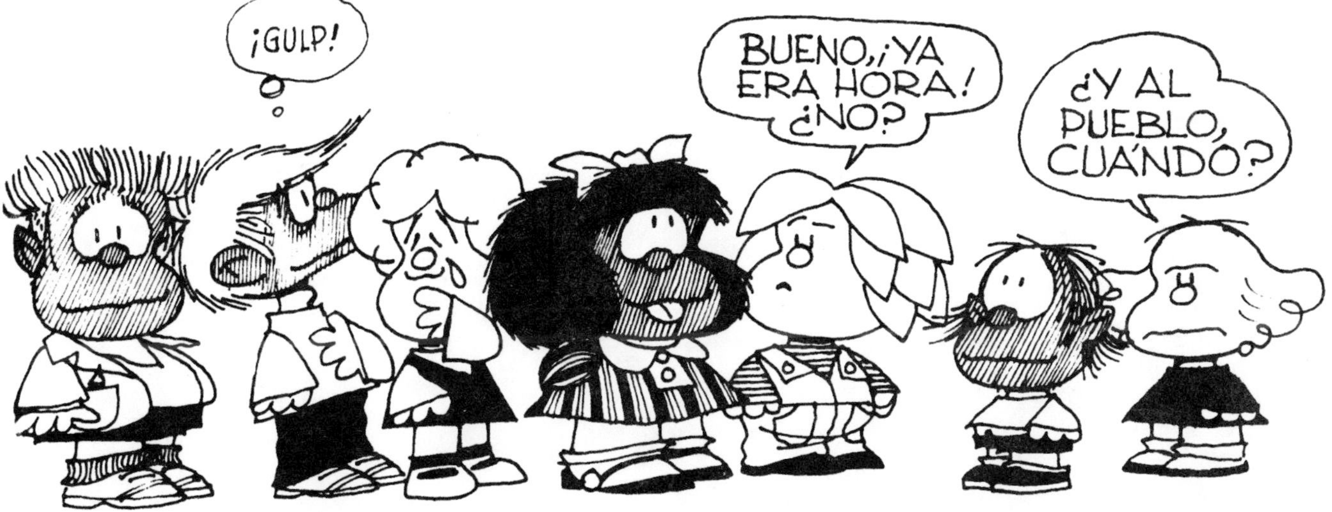
¡GULP!
BUENO, ¡YA ERA HORA! ¿NO?
¿Y AL PUEBLO, CUÁNDO?

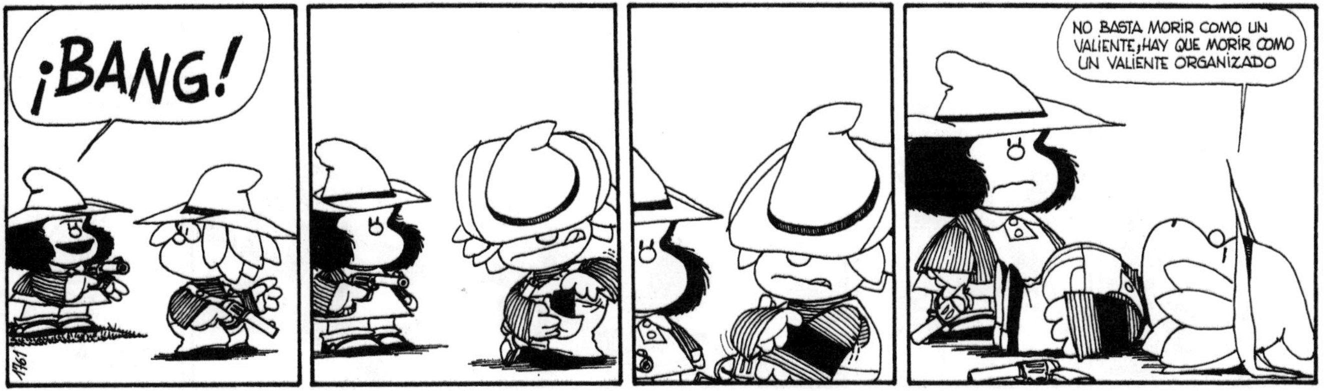

¡BANG!
NO BASTA MORIR COMO UN VALIENTE; HAY QUE MORIR COMO UN VALIENTE ORGANIZADO

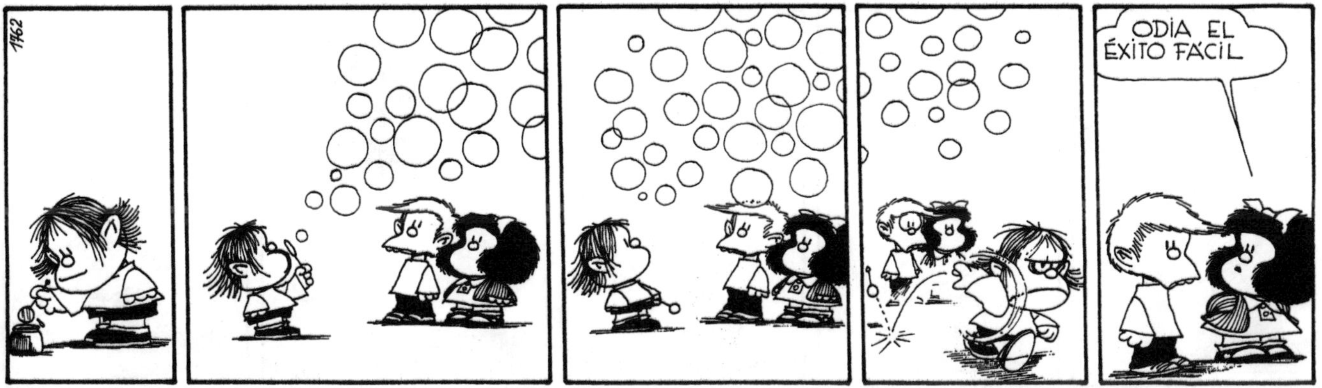

ODIA EL ÉXITO FÁCIL

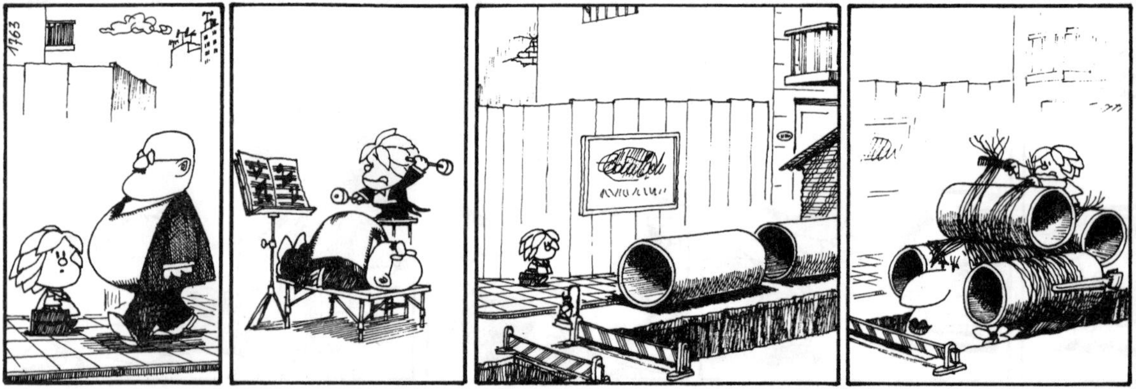
1763
PARECIERA QUE HOY MI IMAGINACIÓN PIENSA HACERME PASAR UNO DE ESOS DÍAS MOVIDITOS

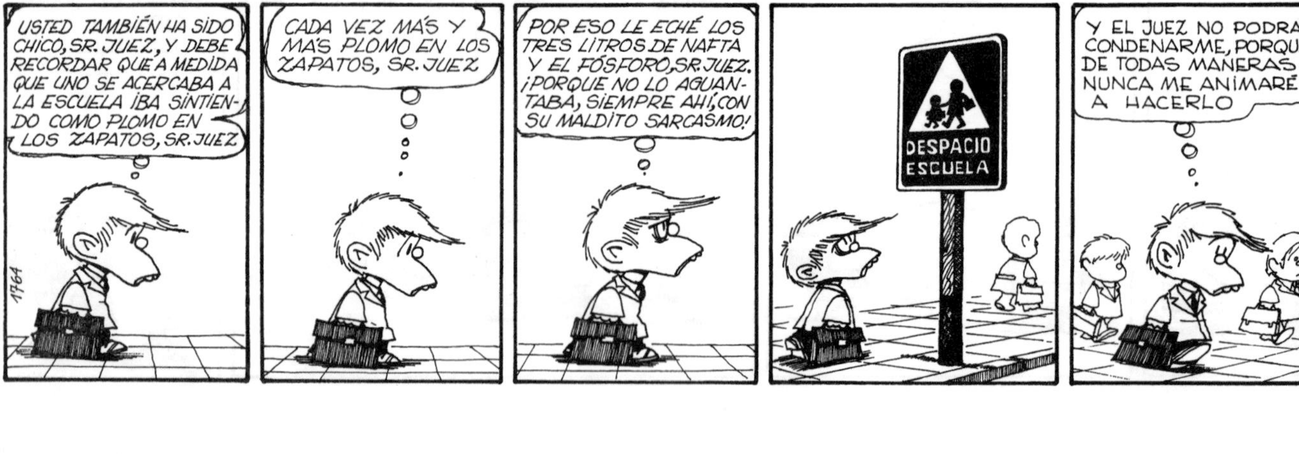
1764
USTED TAMBIÉN HA SIDO CHICO, SR. JUEZ, Y DEBE RECORDAR QUE A MEDIDA QUE UNO SE ACERCABA A LA ESCUELA IBA SINTIENDO COMO PLOMO EN LOS ZAPATOS, SR. JUEZ
CADA VEZ MÁS Y MÁS PLOMO EN LOS ZAPATOS, SR. JUEZ
POR ESO LE ECHÉ LOS TRES LITROS DE NAFTA Y EL FÓSFORO, SR. JUEZ. ¡PORQUE NO LO AGUANTABA, SIEMPRE AHÍ, CON SU MALDITO SARCASMO!
DESPACIO ESCUELA
Y EL JUEZ NO PODRÁ CONDENARME, PORQUE DE TODAS MANERAS NUNCA ME ANIMARÉ A HACERLO

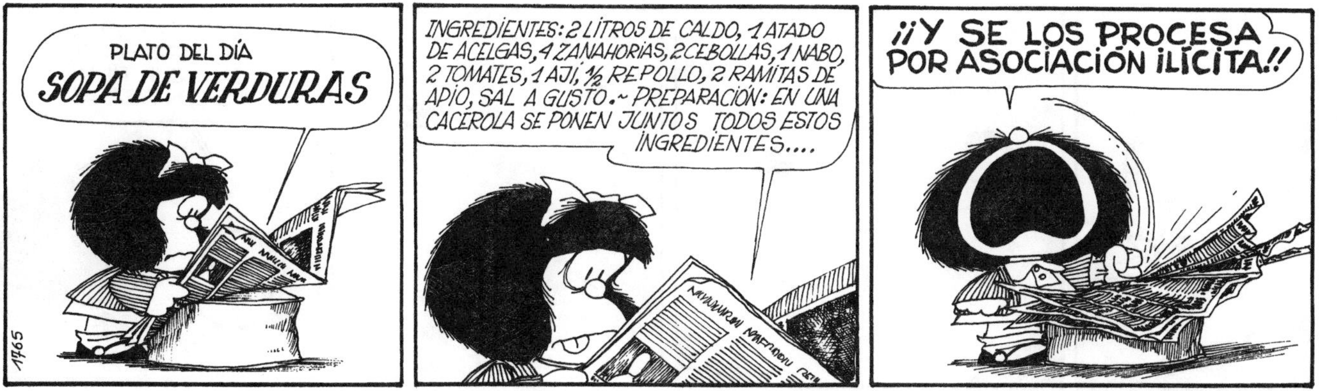

PLATO DEL DÍA
SOPA DE VERDURAS
INGREDIENTES: 2 LITROS DE CALDO, 1 ATADO DE ACELGAS, 4 ZANAHORIAS, 2 CEBOLLAS, 1 NABO, 2 TOMATES, 1 AJÍ, ½ REPOLLO, 2 RAMITAS DE APIO, SAL A GUSTO.– PREPARACIÓN: EN UNA CACEROLA SE PONEN JUNTOS TODOS ESTOS INGREDIENTES....
¡¡Y SE LOS PROCESA POR ASOCIACIÓN ILÍCITA!!
1765

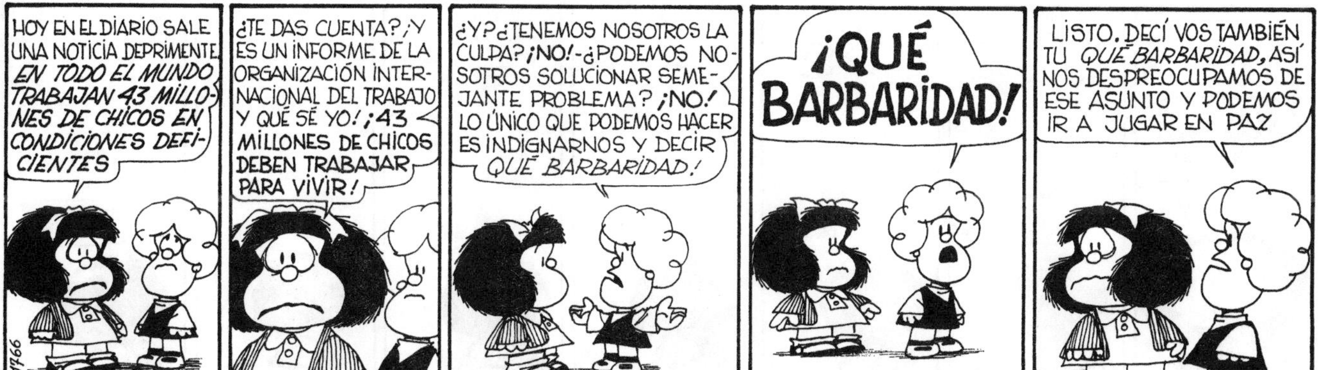

HOY EN EL DIARIO SALE UNA NOTICIA DEPRIMENTE. EN TODO EL MUNDO TRABAJAN 43 MILLONES DE CHICOS EN CONDICIONES DEFICIENTES
¿TE DAS CUENTA? ¡Y ES UN INFORME DE LA ORGANIZACIÓN INTERNACIONAL DEL TRABAJO Y QUÉ SÉ YO! ¡43 MILLONES DE CHICOS DEBEN TRABAJAR PARA VIVIR!
¿Y? ¿TENEMOS NOSOTROS LA CULPA? ¡NO! – ¿PODEMOS NOSOTROS SOLUCIONAR SEMEJANTE PROBLEMA? ¡NO! LO ÚNICO QUE PODEMOS HACER ES INDIGNARNOS Y DECIR QUÉ BARBARIDAD!
¡QUÉ BARBARIDAD!
LISTO. DECÍ VOS TAMBIÉN TU QUÉ BARBARIDAD, ASÍ NOS DESPREOCUPAMOS DE ESE ASUNTO Y PODEMOS IR A JUGAR EN PAZ
1766

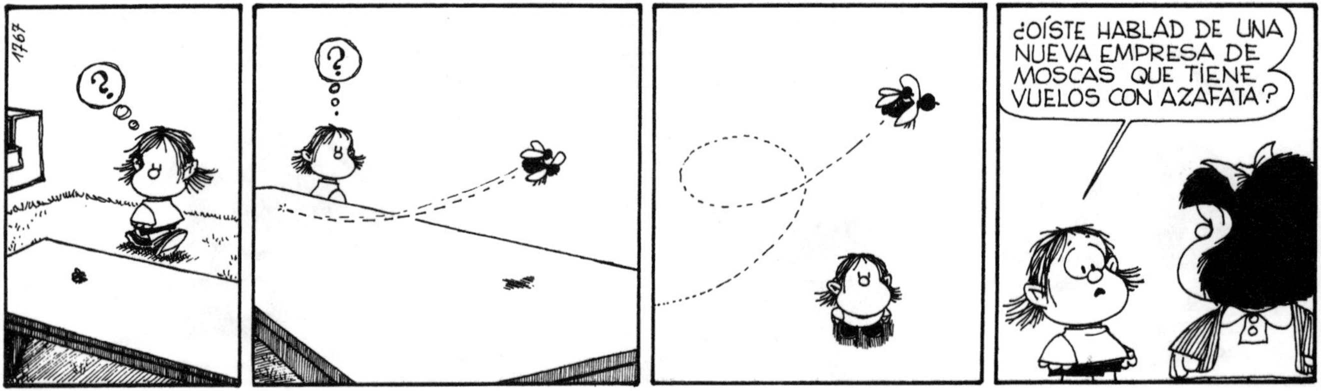
1767
¿OÍSTE HABLÁD DE UNA NUEVA EMPRESA DE MOSCAS QUE TIENE VUELOS CON AZAFATA?

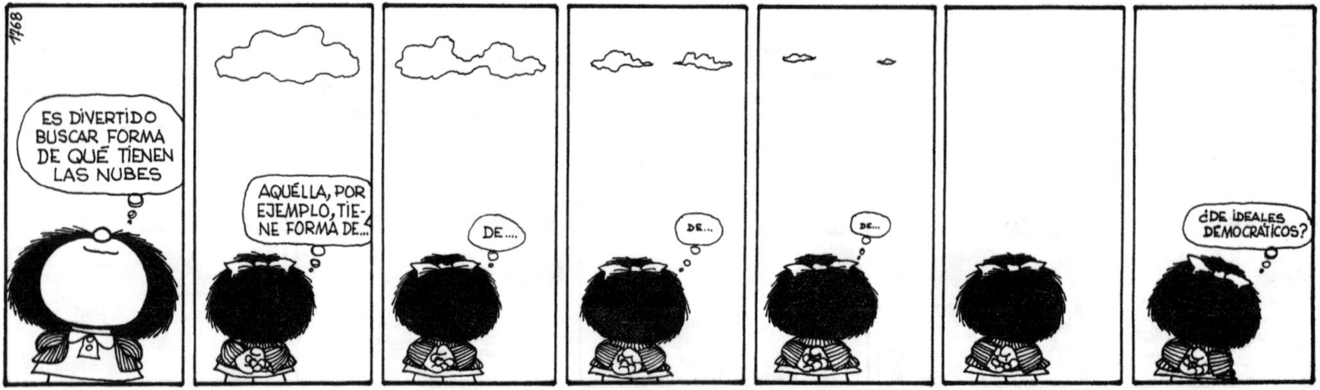
1768
ES DIVERTIDO BUSCAR FORMA DE QUÉ TIENEN LAS NUBES
AQUÉLLA, POR EJEMPLO, TIE-NE FORMA DE...
DE....
DE...
DE...
¿DE IDEALES DEMOCRÁTICOS?

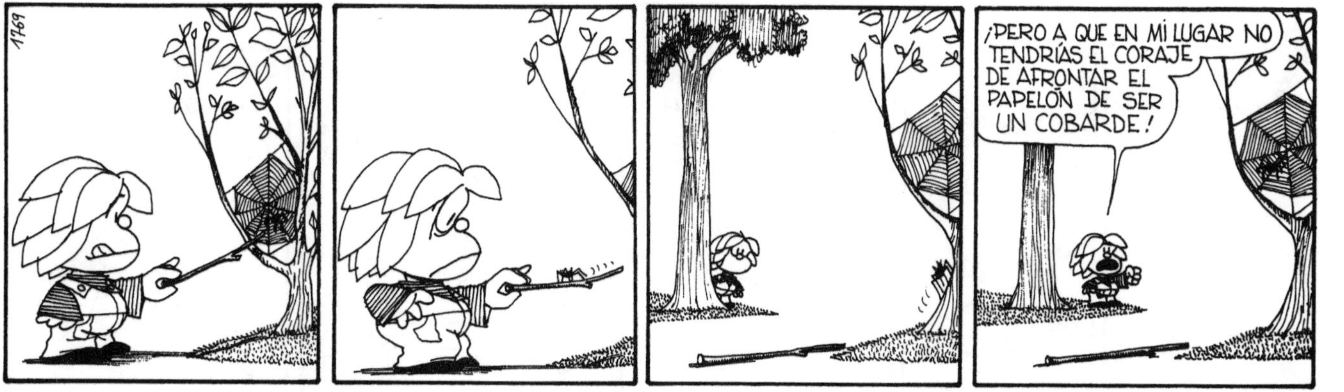
1769
¡PERO A QUE EN MI LUGAR NO TENDRÍAS EL CORAJE DE AFRONTAR EL PAPELÓN DE SER UN COBARDE!

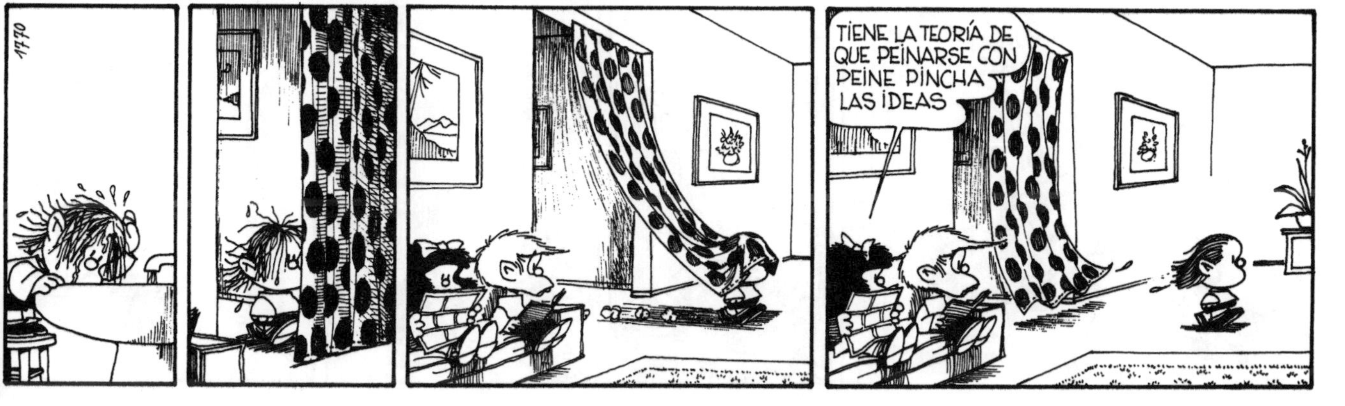
1770
TIENE LA TEORÍA DE QUE PEINARSE CON PEINE PINCHA LAS IDEAS

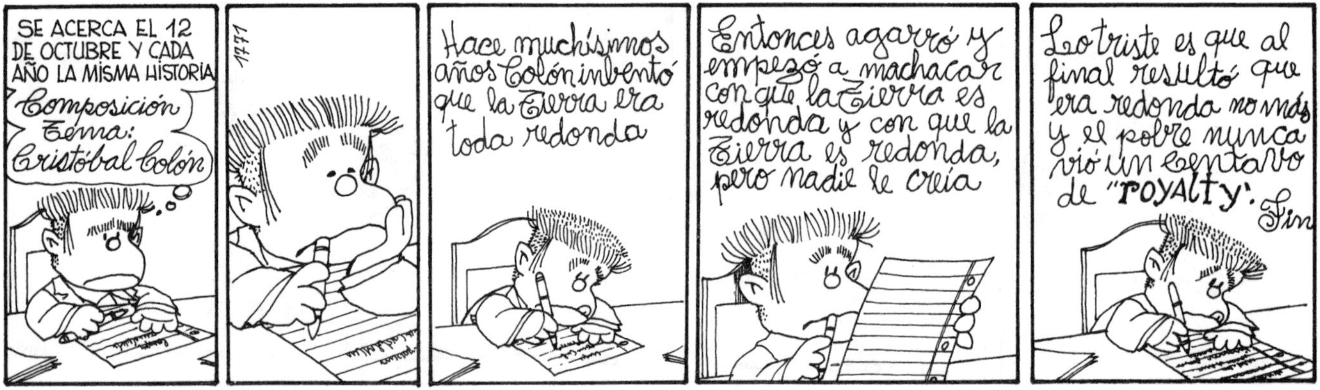
SE ACERCA EL 12 DE OCTUBRE Y CADA AÑO LA MISMA HISTORIA
Composición Tema: Cristóbal Colón
1771
Hace muchísimos años Colón inbentó que la Tierra era toda redonda
Entonces agarró y empezó a machacar con que la Tierra es redonda y con que la Tierra es redonda, pero nadie le creía
Lo triste es que al final resultó que era redonda nomás y el pobre nunca vió un centavo de "royalty". Fin

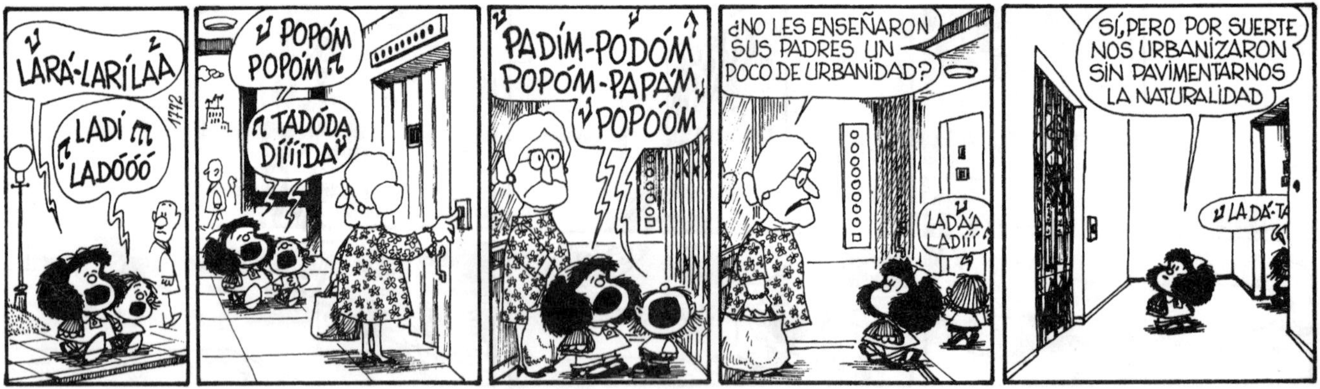
LARÁ-LARÍLAA
LADÍ LADÓÓÓ
1772
POPÓM POPÓM
TADÓDA DÍÍÍIDA
PADÍM-PODÓM POPÓM-PAPÁM POPOÓM
¿NO LES ENSEÑARON SUS PADRES UN POCO DE URBANIDAD?
LADÁA LADÍÍÍ
SÍ, PERO POR SUERTE NOS URBANIZARON SIN PAVIMENTARNOS LA NATURALIDAD
LA DÁ-TA

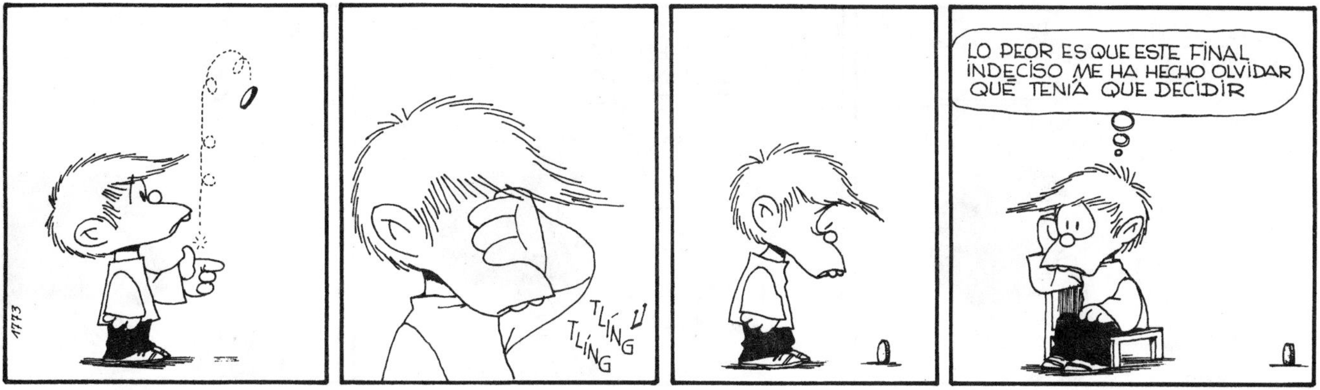
1773
TLÍNG
TLÍNG
LO PEOR ES QUE ESTE FINAL INDECISO ME HA HECHO OLVIDAR QUÉ TENÍA QUE DECIDIR

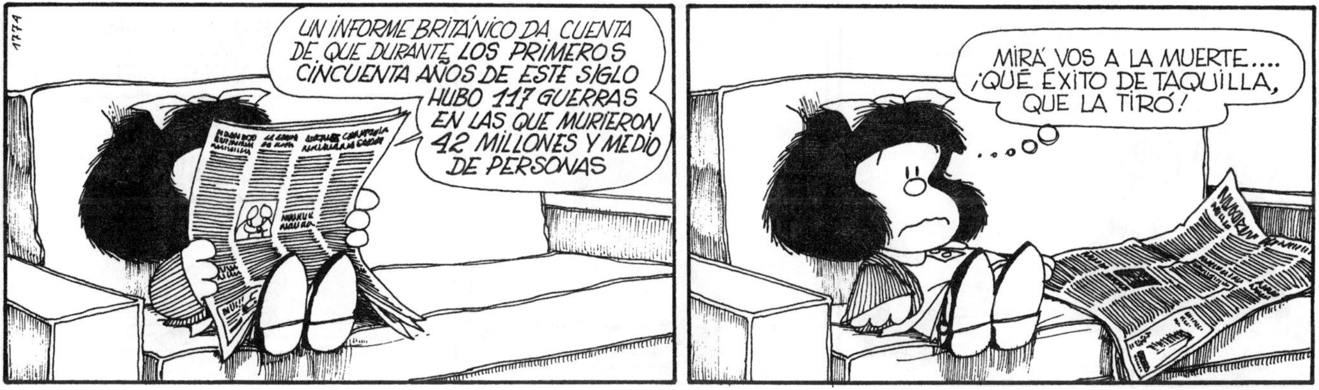
1774
UN INFORME BRITÁNICO DA CUENTA DE QUE DURANTE LOS PRIMEROS CINCUENTA AÑOS DE ESTE SIGLO HUBO 117 GUERRAS EN LAS QUE MURIERON 42 MILLONES Y MEDIO DE PERSONAS
MIRÁ VOS A LA MUERTE.... ¡QUÉ ÉXITO DE TAQUILLA, QUE LA TIRÓ!

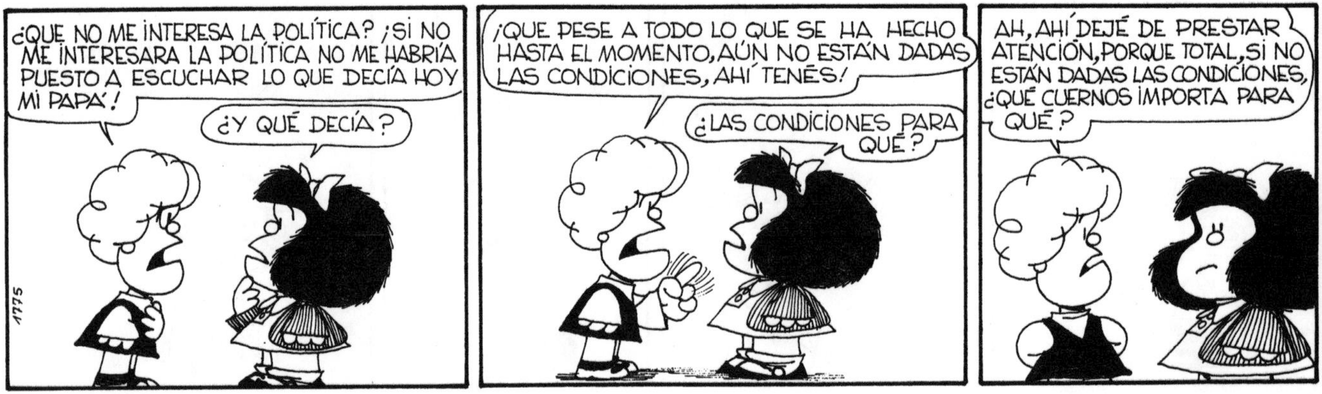
1775
¿QUE NO ME INTERESA LA POLÍTICA? ¡SI NO ME INTERESARA LA POLÍTICA NO ME HABRÍA PUESTO A ESCUCHAR LO QUE DECÍA HOY MI PAPÁ!
¿Y QUÉ DECÍA?
¡QUE PESE A TODO LO QUE SE HA HECHO HASTA EL MOMENTO, AÚN NO ESTÁN DADAS LAS CONDICIONES, AHÍ TENÉS!
¿LAS CONDICIONES PARA QUÉ?
AH, AHÍ DEJÉ DE PRESTAR ATENCIÓN, PORQUE TOTAL, SI NO ESTÁN DADAS LAS CONDICIONES, ¿QUÉ CUERNOS IMPORTA PARA QUÉ?

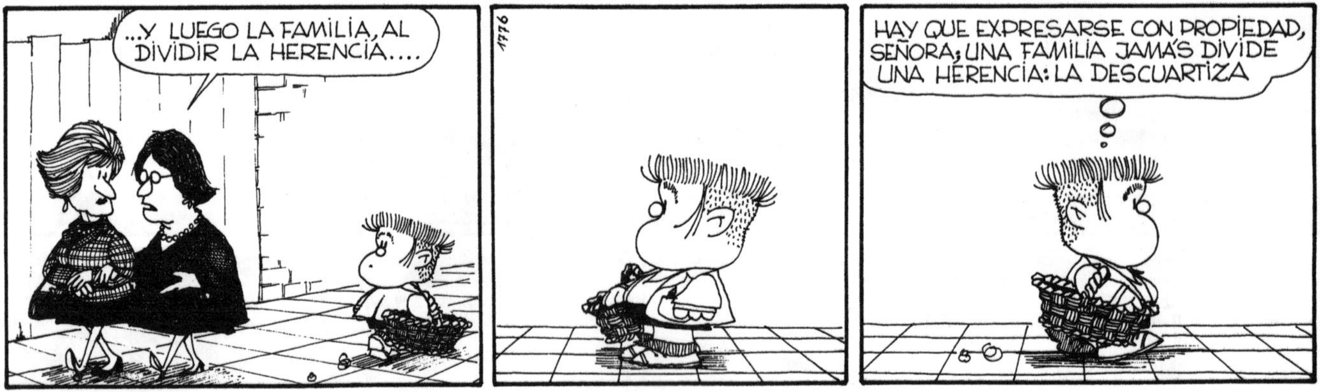
...Y LUEGO LA FAMILIA, AL DIVIDIR LA HERENCIA....
1776
HAY QUE EXPRESARSE CON PROPIEDAD, SEÑORA; UNA FAMILIA JAMÁS DIVIDE UNA HERENCIA: LA DESCUARTIZA

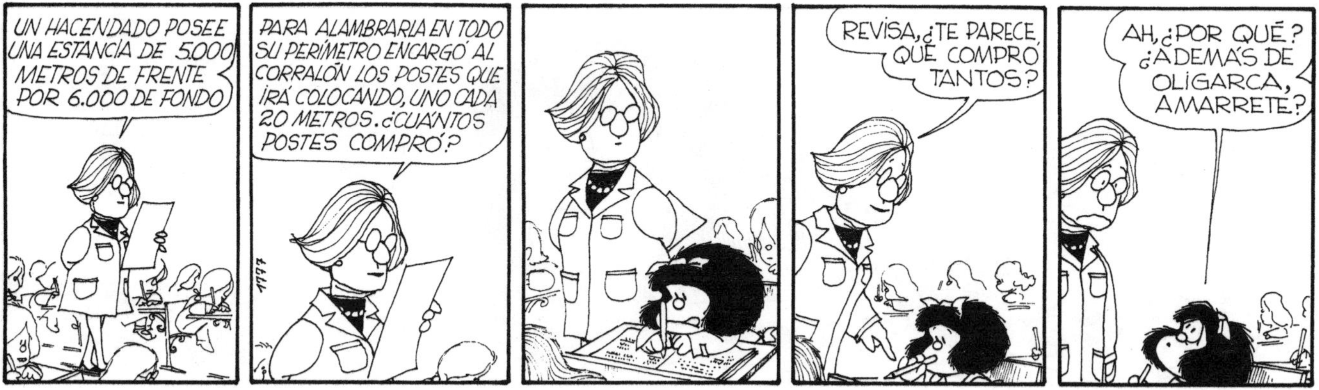
UN HACENDADO POSEE UNA ESTANCIA DE 5.000 METROS DE FRENTE POR 6.000 DE FONDO
PARA ALAMBRARLA EN TODO SU PERÍMETRO ENCARGÓ AL CORRALÓN LOS POSTES QUE IRÁ COLOCANDO, UNO CADA 20 METROS. ¿CUÁNTOS POSTES COMPRÓ?
1777
REVISA, ¿TE PARECE QUE COMPRÓ TANTOS?
AH, ¿POR QUÉ? ¿ADEMÁS DE OLIGARCA, AMARRETE?

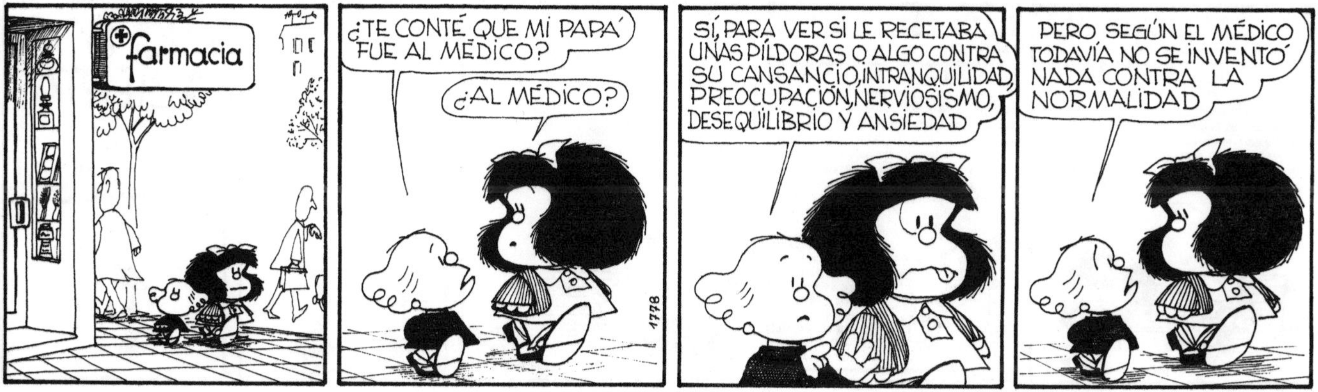
farmacia
¿TE CONTÉ QUE MI PAPÁ FUE AL MÉDICO?
¿AL MÉDICO?
1778
SÍ, PARA VER SI LE RECETABA UNAS PÍLDORAS O ALGO CONTRA SU CANSANCIO, INTRANQUILIDAD, PREOCUPACIÓN, NERVIOSISMO, DESEQUILIBRIO Y ANSIEDAD
PERO SEGÚN EL MÉDICO TODAVÍA NO SE INVENTÓ NADA CONTRA LA NORMALIDAD

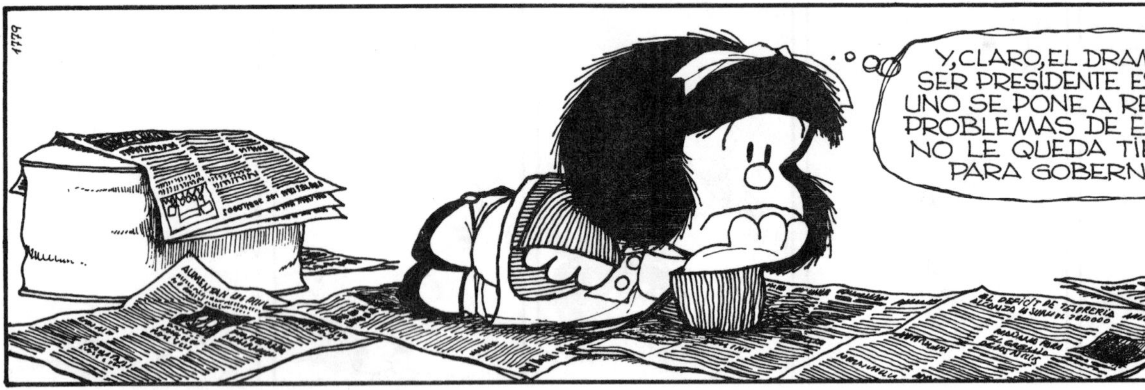
1779
Y, CLARO, EL DRAMA DE SER PRESIDENTE ES QUE SI UNO SE PONE A RESOLVER PROBLEMAS DE ESTADO NO LE QUEDA TIEMPO PARA GOBERNAR

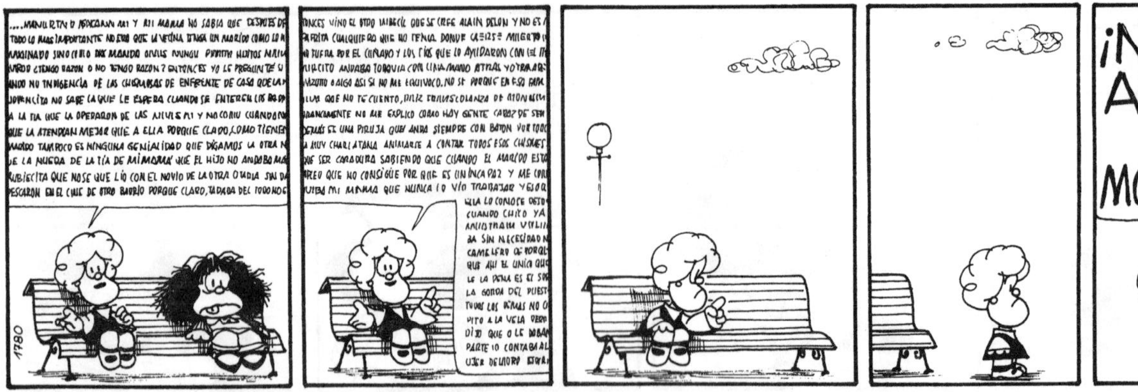
1780
¡NO SOS ABIERTA AL MONÓLOGO!

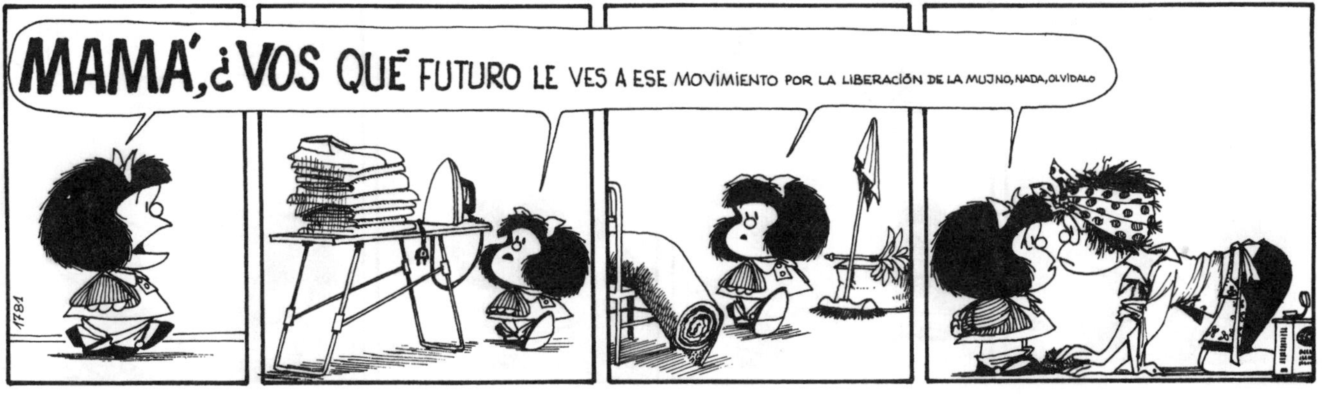
MAMÁ, ¿VOS QUÉ FUTURO LE VES A ESE MOVIMIENTO POR LA LIBERACIÓN DE LA MUJNO, NADA, OLVIDALO
1781

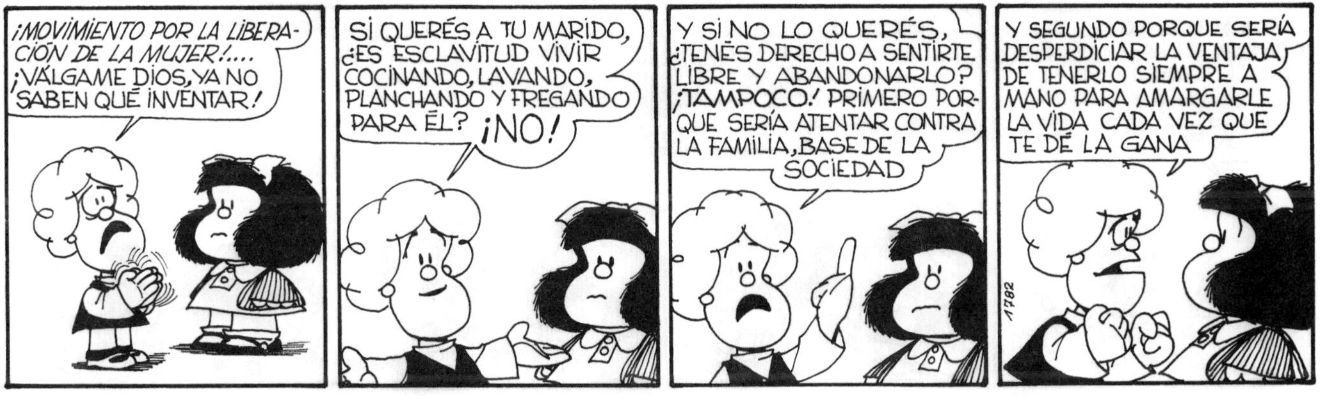
¡MOVIMIENTO POR LA LIBERACIÓN DE LA MUJER!.... ¡VÁLGAME DIOS, YA NO SABEN QUÉ INVENTAR!
SI QUERÉS A TU MARIDO, ¿ES ESCLAVITUD VIVIR COCINANDO, LAVANDO, PLANCHANDO Y FREGANDO PARA ÉL? ¡NO!
Y SI NO LO QUERÉS, ¿TENÉS DERECHO A SENTIRTE LIBRE Y ABANDONARLO? ¡TAMPOCO! PRIMERO PORQUE SERÍA ATENTAR CONTRA LA FAMILIA, BASE DE LA SOCIEDAD
Y SEGUNDO PORQUE SERÍA DESPERDICIAR LA VENTAJA DE TENERLO SIEMPRE A MANO PARA AMARGARLE LA VIDA CADA VEZ QUE TE DÉ LA GANA
1782

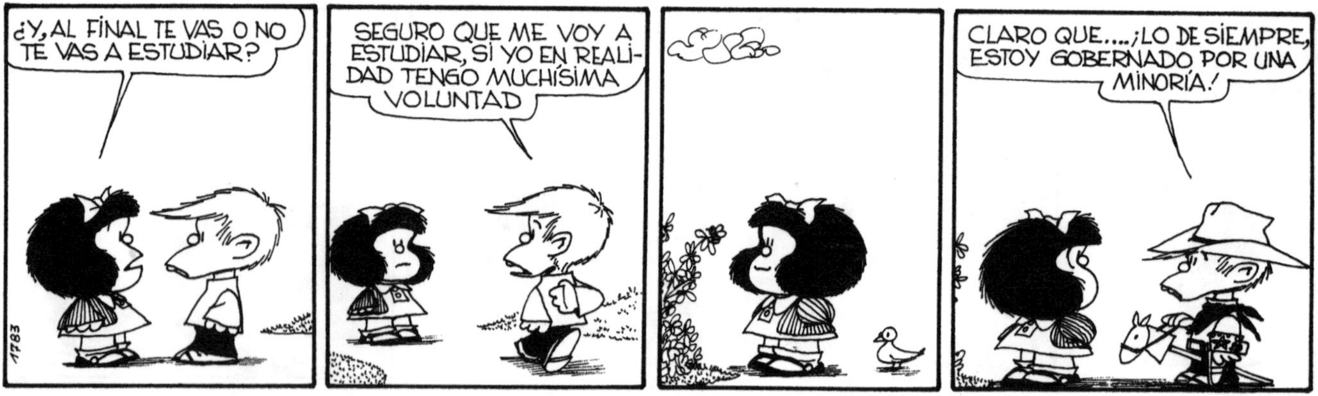
1783
¿Y, AL FINAL TE VAS O NO TE VAS A ESTUDIAR?
SEGURO QUE ME VOY A ESTUDIAR, SI YO EN REALIDAD TENGO MUCHÍSIMA VOLUNTAD
CLARO QUE....¡LO DE SIEMPRE, ESTOY GOBERNADO POR UNA MINORÍA!

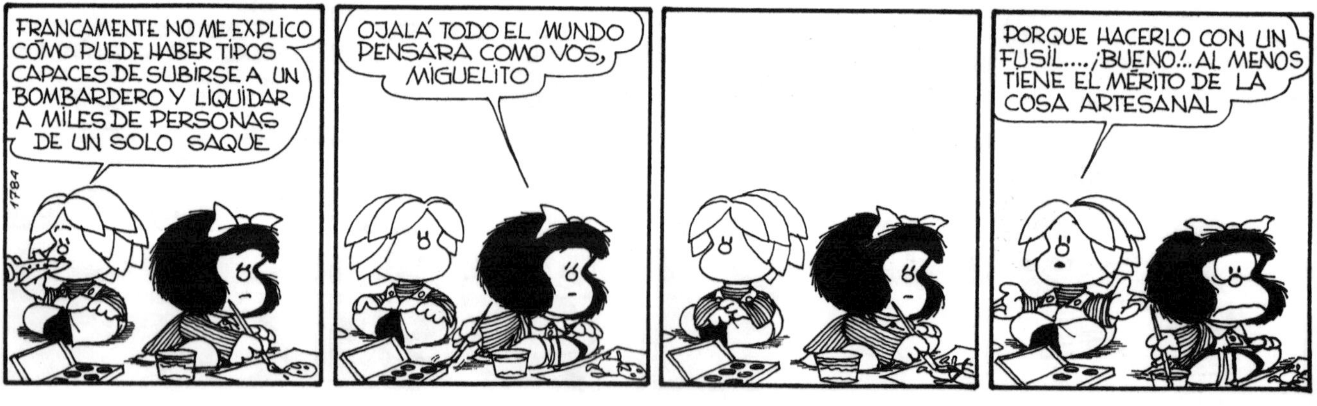
1784
FRANCAMENTE NO ME EXPLICO CÓMO PUEDE HABER TIPOS CAPACES DE SUBIRSE A UN BOMBARDERO Y LIQUIDAR A MILES DE PERSONAS DE UN SOLO SAQUE
OJALÁ TODO EL MUNDO PENSARA COMO VOS, MIGUELITO
PORQUE HACERLO CON UN FUSIL....¡BUENO!.. AL MENOS TIENE EL MÉRITO DE LA COSA ARTESANAL

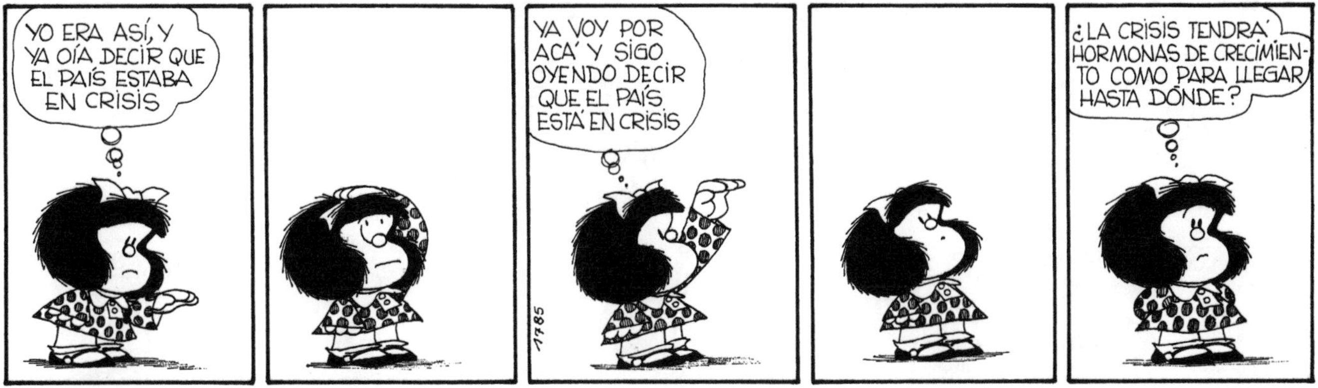
YO ERA ASÍ, Y YA OÍA DECIR QUE EL PAÍS ESTABA EN CRISIS
YA VOY POR ACÁ Y SIGO OYENDO DECIR QUE EL PAÍS ESTÁ EN CRISIS
1785
¿LA CRISIS TENDRÁ HORMONAS DE CRECIMIENTO COMO PARA LLEGAR HASTA DÓNDE?

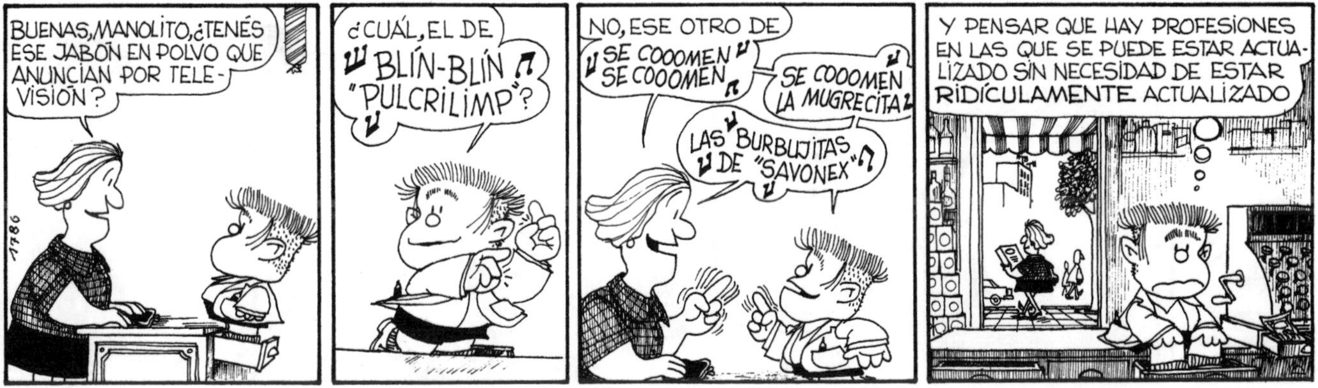
BUENAS, MANOLITO, ¿TENÉS ESE JABÓN EN POLVO QUE ANUNCIAN POR TELEVISIÓN?
1786
¿CUÁL, EL DE BLÍN-BLÍN "PULCRILIMP"?
NO, ESE OTRO DE
SE COOOMEN SE COOOMEN
SE COOOMEN LA MUGRECITA
LAS BURBUJITAS DE "SAVONEX"
Y PENSAR QUE HAY PROFESIONES EN LAS QUE SE PUEDE ESTAR ACTUALIZADO SIN NECESIDAD DE ESTAR RIDÍCULAMENTE ACTUALIZADO

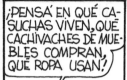
¡Y DALE! ¿NO ENTENDÉS QUE SON POBRES PORQUE QUIEREN? ¡USÁ LA CABEZA, PAPAFRITA, USÁ LA CABEZA!

¡DIOS MÍO!

¡PENSÁ EN QUÉ CASUCHAS VIVEN, QUÉ CACHIVACHES DE MUEBLES COMPRAN, QUÉ ROPA USAN!

¿NO TE DAS CUENTA QUE SI ADEMÁS DE GANAR POCO, **ENCIMA** TIENEN LA **MANÍA** DE INVERTIR EN COSAS DE MALA CALIDAD, **SIEMPRE** VAN A SER POBRES?

¡NO HAY CASO, CON GENTE QUE NO RAZONA, NO SE PUEDE!

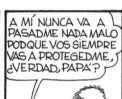
A MÍ NUNCA VA A PASADME NADA MALO PODQUE VOS SIEMPRE VAS A PROTEGEDME, ¿VERDAD, PAPÁ?

¡CLARO, HIJITO!

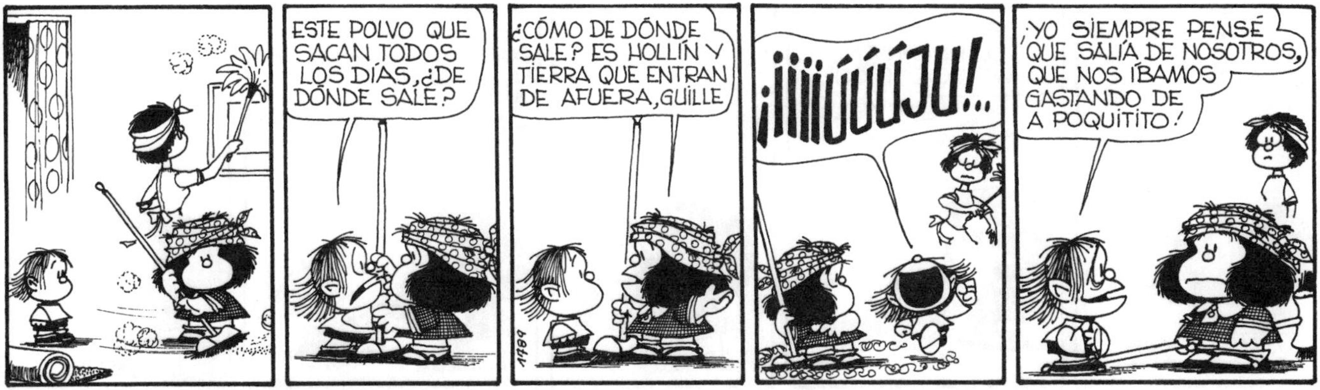
ESTE POLVO QUE SACAN TODOS LOS DÍAS, ¿DE DÓNDE SALE?
¿CÓMO DE DÓNDE SALE? ES HOLLÍN Y TIERRA QUE ENTRAN DE AFUERA, GUILLE
1789
¡¡¡¡ÚÚÚÚJU!...
¡YO SIEMPRE PENSÉ QUE SALÍA DE NOSOTROS, QUE NOS ÍBAMOS GASTANDO DE A POQUITITO!

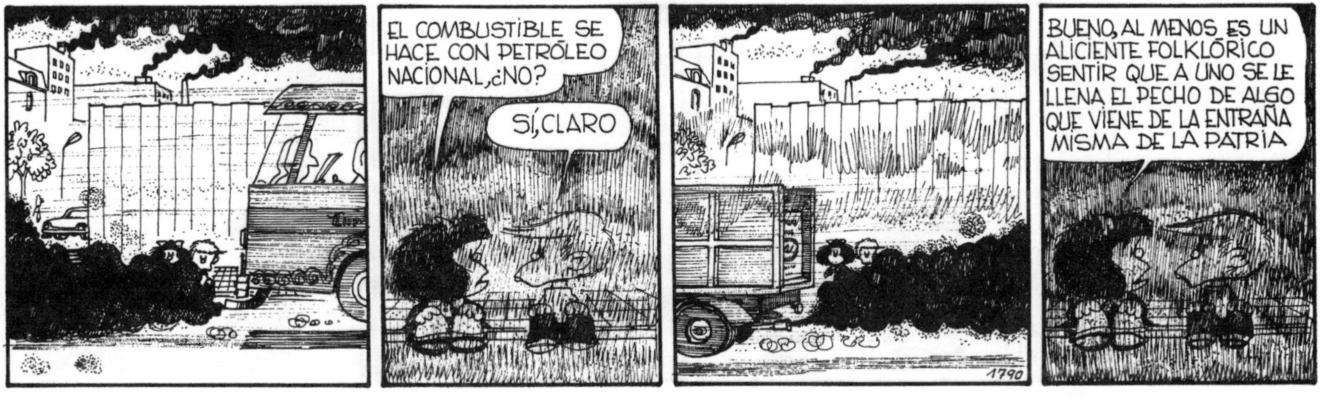
EL COMBUSTIBLE SE HACE CON PETRÓLEO NACIONAL, ¿NO?
SÍ, CLARO
1790
BUENO, AL MENOS ES UN ALICIENTE FOLKLÓRICO SENTIR QUE A UNO SE LE LLENA EL PECHO DE ALGO QUE VIENE DE LA ENTRAÑA MISMA DE LA PATRIA

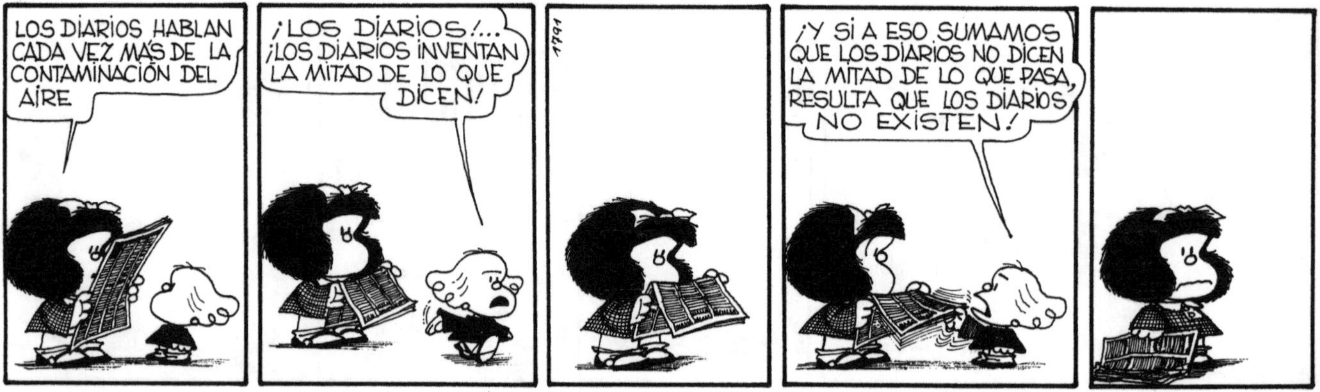
LOS DIARIOS HABLAN CADA VEZ MÁS DE LA CONTAMINACIÓN DEL AIRE
¡LOS DIARIOS!... ¡LOS DIARIOS INVENTAN LA MITAD DE LO QUE DICEN!
1791
¡Y SI A ESO SUMAMOS QUE LOS DIARIOS NO DICEN LA MITAD DE LO QUE PASA, RESULTA QUE LOS DIARIOS NO EXISTEN!

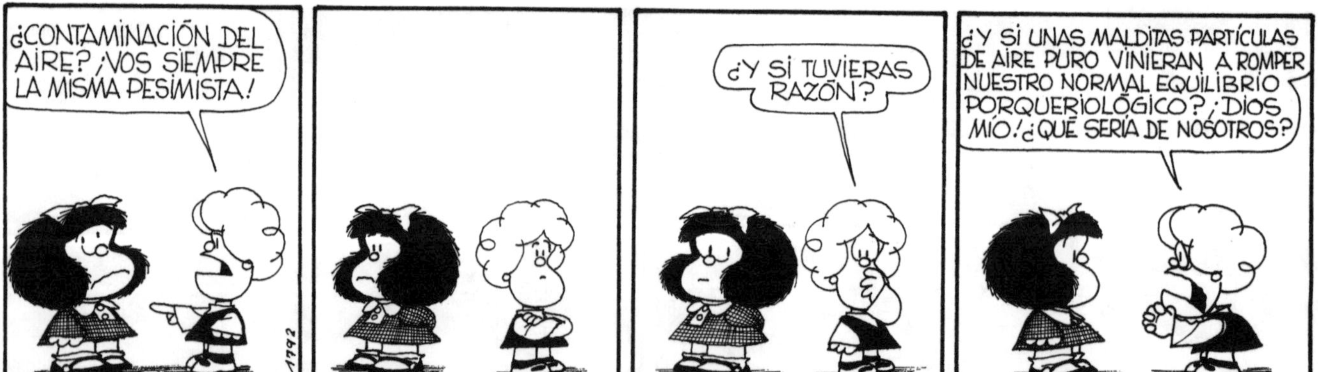
¿CONTAMINACIÓN DEL AIRE? ¡VOS SIEMPRE LA MISMA PESIMISTA!
1792
¿Y SI TUVIERAS RAZÓN?
¿Y SI UNAS MALDITAS PARTÍCULAS DE AIRE PURO VINIERAN A ROMPER NUESTRO NORMAL EQUILIBRIO PORQUERIOLÓGICO? ¡DIOS MÍO! ¿QUÉ SERÍA DE NOSOTROS?

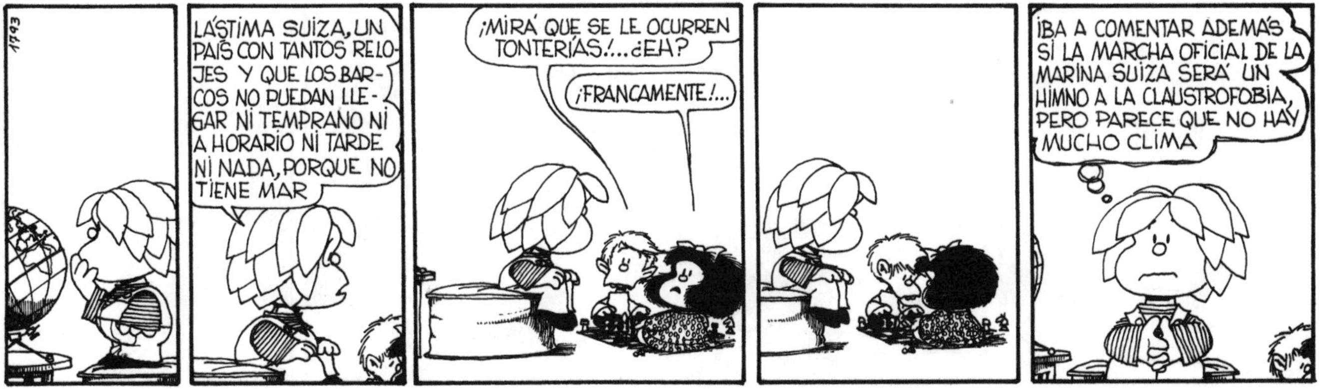
1793
LÁSTIMA SUIZA, UN PAÍS CON TANTOS RELOJES Y QUE LOS BARCOS NO PUEDAN LLEGAR NI TEMPRANO NI A HORARIO NI TARDE NI NADA, PORQUE NO TIENE MAR
¡MIRÁ QUE SE LE OCURREN TONTERÍAS!... ¿EH?
¡FRANCAMENTE!...
IBA A COMENTAR ADEMÁS SI LA MARCHA OFICIAL DE LA MARINA SUIZA SERÁ UN HIMNO A LA CLAUSTROFOBIA, PERO PARECE QUE NO HAY MUCHO CLIMA

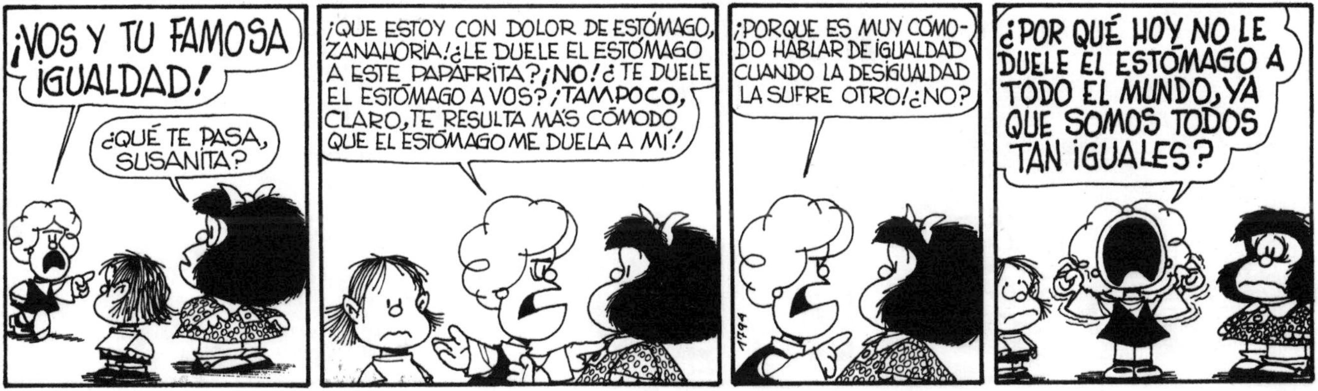
¡VOS Y TU FAMOSA IGUALDAD!
¿QUÉ TE PASA, SUSANITA?
¡QUE ESTOY CON DOLOR DE ESTÓMAGO, ZANAHORIA! ¿LE DUELE EL ESTÓMAGO A ESTE PAPAFRITA? ¡NO! ¿TE DUELE EL ESTÓMAGO A VOS? ¡TAMPOCO, CLARO, TE RESULTA MÁS CÓMODO QUE EL ESTÓMAGO ME DUELA A MÍ!
1794
¡PORQUE ES MUY CÓMODO HABLAR DE IGUALDAD CUANDO LA DESIGUALDAD LA SUFRE OTRO! ¿NO?
¿POR QUÉ HOY NO LE DUELE EL ESTÓMAGO A TODO EL MUNDO, YA QUE SOMOS TODOS TAN IGUALES?

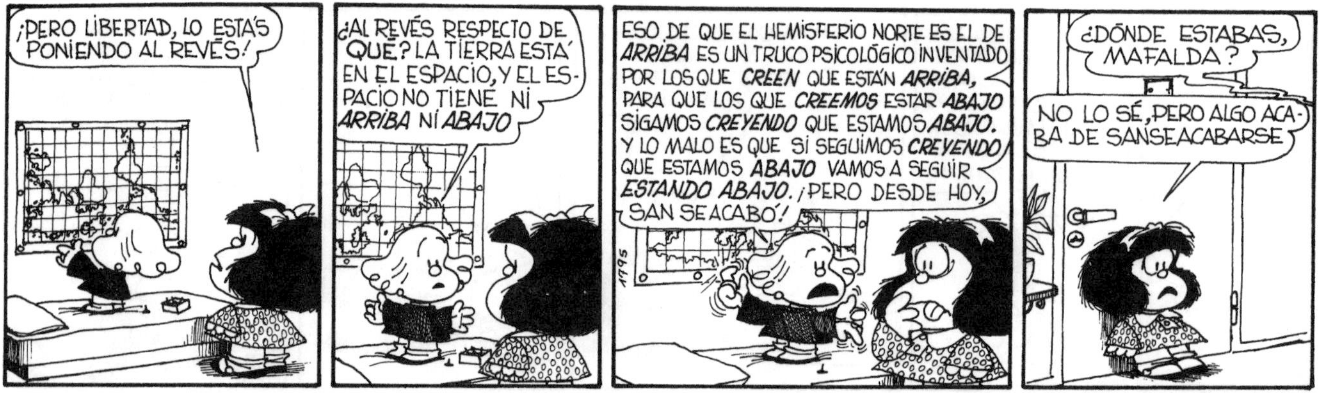
¡PERO LIBERTAD, LO ESTÁS PONIENDO AL REVÉS!
¿AL REVÉS RESPECTO DE QUÉ? LA TIERRA ESTÁ EN EL ESPACIO, Y EL ESPACIO NO TIENE NI ARRIBA NI ABAJO
ESO DE QUE EL HEMISFERIO NORTE ES EL DE ARRIBA ES UN TRUCO PSICOLÓGICO INVENTADO POR LOS QUE CREEN QUE ESTÁN ARRIBA, PARA QUE LOS QUE CREEMOS ESTAR ABAJO SIGAMOS CREYENDO QUE ESTAMOS ABAJO. Y LO MALO ES QUE SI SEGUIMOS CREYENDO QUE ESTAMOS ABAJO VAMOS A SEGUIR ESTANDO ABAJO. ¡PERO DESDE HOY, SAN SE ACABÓ!
1795
¿DÓNDE ESTABAS, MAFALDA?
NO LO SÉ, PERO ALGO ACABA DE SANSEACABARSE

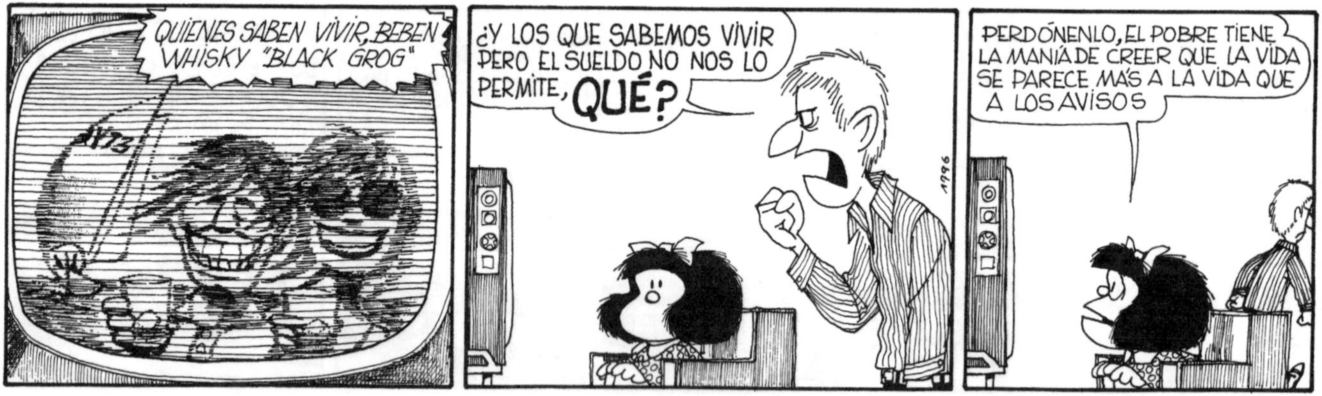
QUIENES SABEN VIVIR, BEBEN WHISKY "BLACK GROG"
¿Y LOS QUE SABEMOS VIVIR PERO EL SUELDO NO NOS LO PERMITE, QUÉ?
1796
PERDÓNENLO, EL POBRE TIENE LA MANÍA DE CREER QUE LA VIDA SE PARECE MÁS A LA VIDA QUE A LOS AVISOS

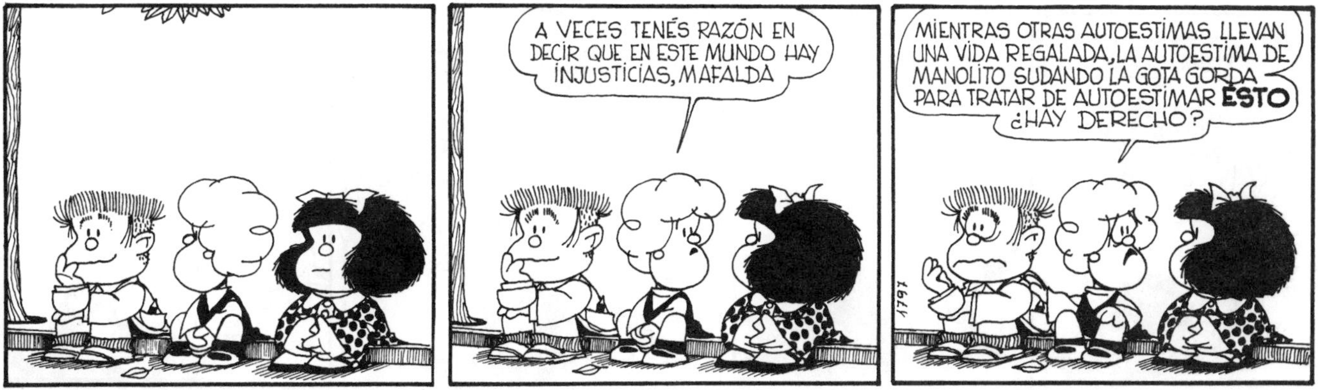
A VECES TENÉS RAZÓN EN DECIR QUE EN ESTE MUNDO HAY INJUSTICIAS, MAFALDA
MIENTRAS OTRAS AUTOESTIMAS LLEVAN UNA VIDA REGALADA, LA AUTOESTIMA DE MANOLITO SUDANDO LA GOTA GORDA PARA TRATAR DE AUTOESTIMAR **ESTO** ¿HAY DERECHO?
1797

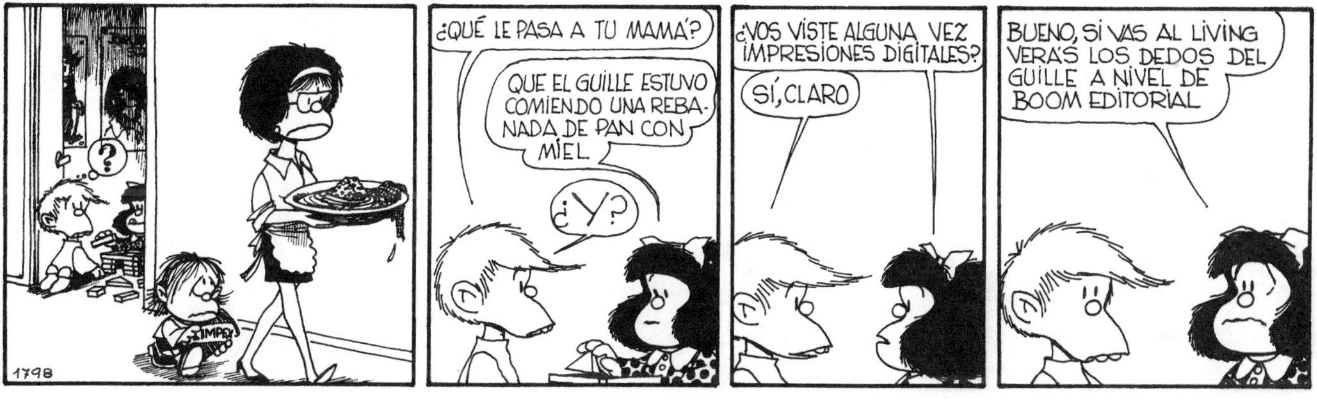
1798
¿QUÉ LE PASA A TU MAMÁ?
QUE EL GUILLE ESTUVO COMIENDO UNA REBANADA DE PAN CON MIEL
¿Y?
¿VOS VISTE ALGUNA VEZ IMPRESIONES DIGITALES?
SÍ, CLARO
BUENO, SI VAS AL LIVING VERÁS LOS DEDOS DEL GUILLE A NIVEL DE BOOM EDITORIAL

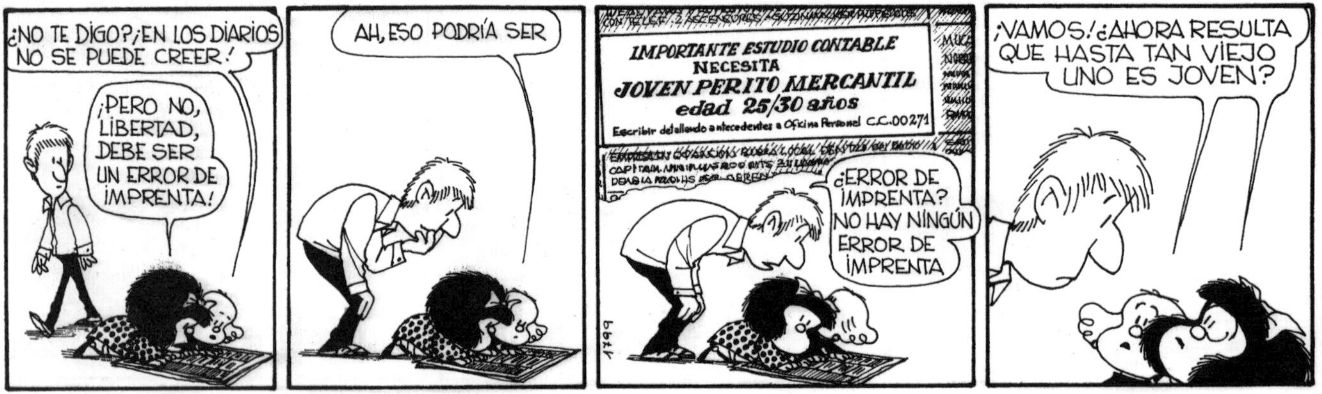

¿NO TE DIGO? ¡EN LOS DIARIOS NO SE PUEDE CREER!
¡PERO NO, LIBERTAD, DEBE SER UN ERROR DE IMPRENTA!
AH, ESO PODRÍA SER
IMPORTANTE ESTUDIO CONTABLE
NECESITA
JOVEN PERITO MERCANTIL
edad 25/30 años
Escribir detallando antecedentes a Oficina Personal C.C. 00271
¿ERROR DE IMPRENTA? NO HAY NINGÚN ERROR DE IMPRENTA
¡VAMOS! ¿AHORA RESULTA QUE HASTA TAN VIEJO UNO ES JOVEN?

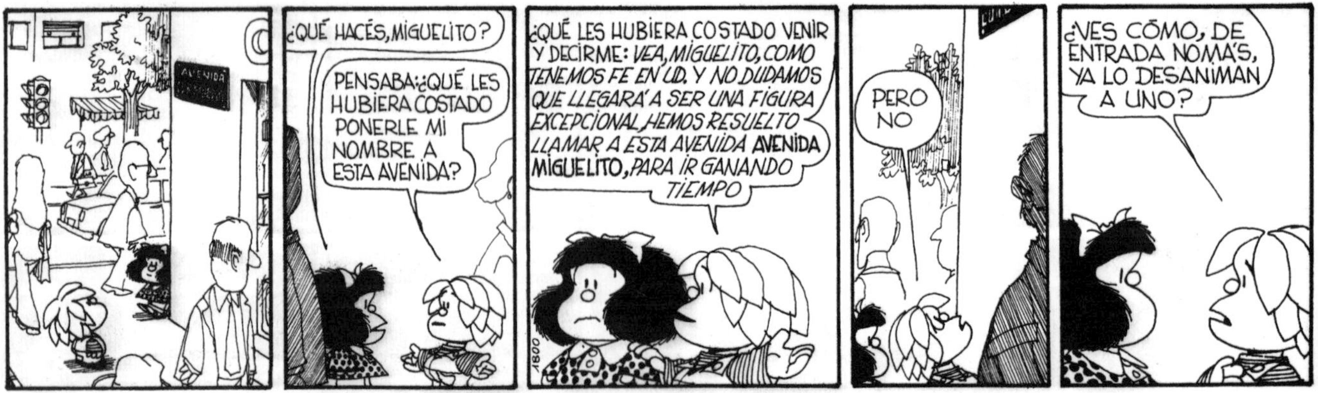

AVENIDA
¿QUÉ HACÉS, MIGUELITO?
PENSABA: ¿QUÉ LES HUBIERA COSTADO PONERLE MI NOMBRE A ESTA AVENIDA?
¿QUÉ LES HUBIERA COSTADO VENIR Y DECIRME: *VEA, MIGUELITO, COMO TENEMOS FE EN UD. Y NO DUDAMOS QUE LLEGARÁ A SER UNA FIGURA EXCEPCIONAL, HEMOS RESUELTO LLAMAR A ESTA AVENIDA* **AVENIDA MIGUELITO**, *PARA IR GANANDO TIEMPO*
PERO NO
¿VES CÓMO, DE ENTRADA NOMÁS, YA LO DESANIMAN A UNO?

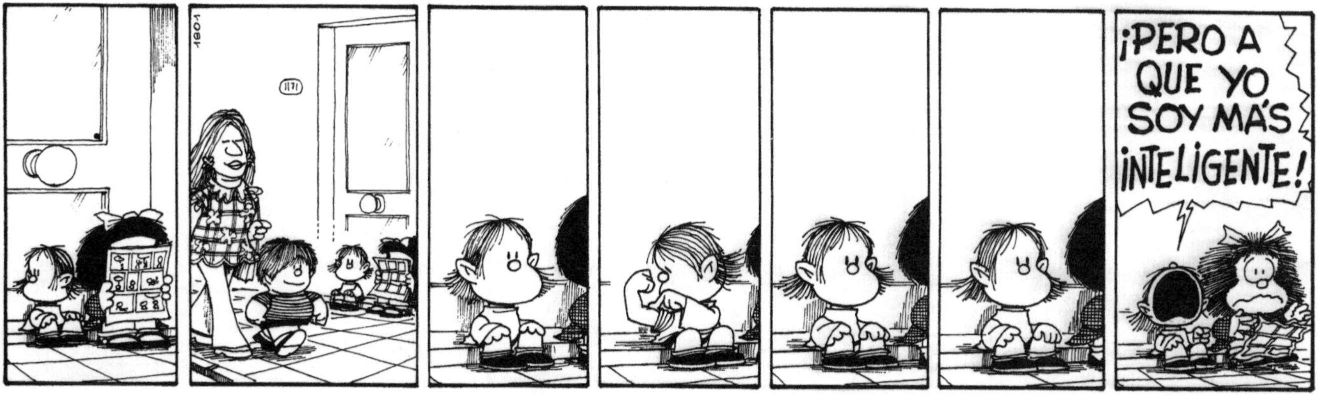
¡PERO A QUE YO SOY MÁS INTELIGENTE!

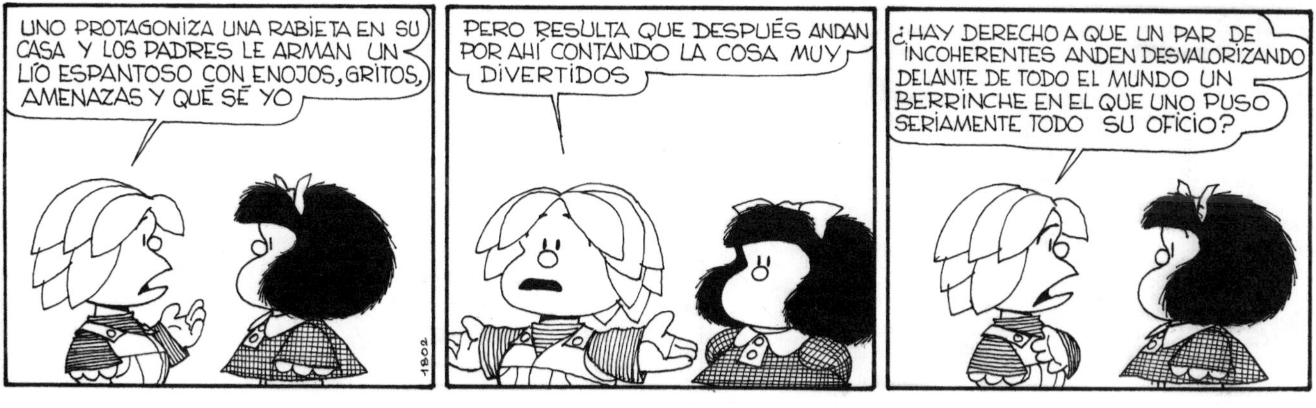
UNO PROTAGONIZA UNA RABIETA EN SU CASA Y LOS PADRES LE ARMAN UN LÍO ESPANTOSO CON ENOJOS, GRITOS, AMENAZAS Y QUÉ SÉ YO
PERO RESULTA QUE DESPUÉS ANDAN POR AHÍ CONTANDO LA COSA MUY DIVERTIDOS
¿HAY DERECHO A QUE UN PAR DE INCOHERENTES ANDEN DESVALORIZANDO DELANTE DE TODO EL MUNDO UN BERRINCHE EN EL QUE UNO PUSO SERIAMENTE TODO SU OFICIO?

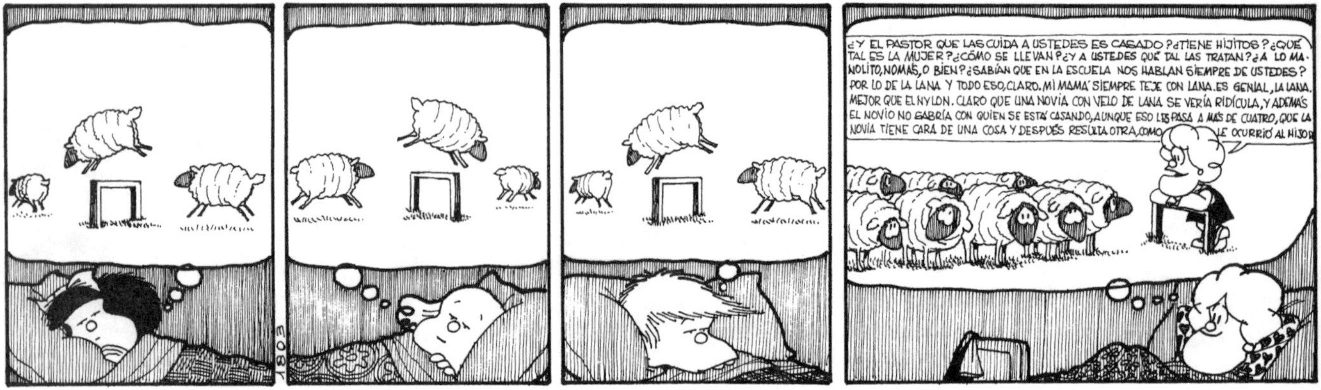
1803
¿Y EL PASTOR QUE LAS CUIDA A USTEDES ES CASADO? ¿TIENE HIJITOS? ¿QUÉ TAL ES LA MUJER? ¿CÓMO SE LLEVAN? ¿Y A USTEDES QUÉ TAL LAS TRATAN? ¿A LO MANOLITO, NOMÁS, O BIEN? ¿SABÍAN QUE EN LA ESCUELA NOS HABLAN SIEMPRE DE USTEDES? POR LO DE LA LANA Y TODO ESO, CLARO. MI MAMÁ SIEMPRE TEJE CON LANA. ES GENIAL, LA LANA. MEJOR QUE EL NYLON. CLARO QUE UNA NOVIA CON VELO DE LANA SE VERÍA RIDÍCULA, Y ADEMÁS EL NOVIO NO SABRÍA CON QUIEN SE ESTÁ CASANDO, AUNQUE ESO LES PASA A MÁS DE CUATRO, QUE LA NOVIA TIENE CARA DE UNA COSA Y DESPUÉS RESULTA OTRA, COMO LE OCURRIÓ AL HIJO

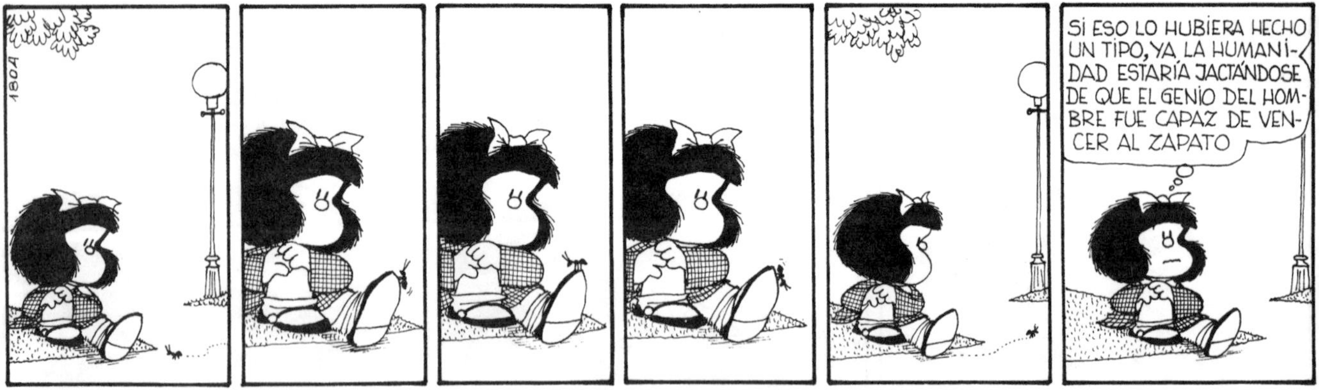
1804
SI ESO LO HUBIERA HECHO UN TIPO, YA LA HUMANIDAD ESTARÍA JACTÁNDOSE DE QUE EL GENIO DEL HOMBRE FUE CAPAZ DE VENCER AL ZAPATO

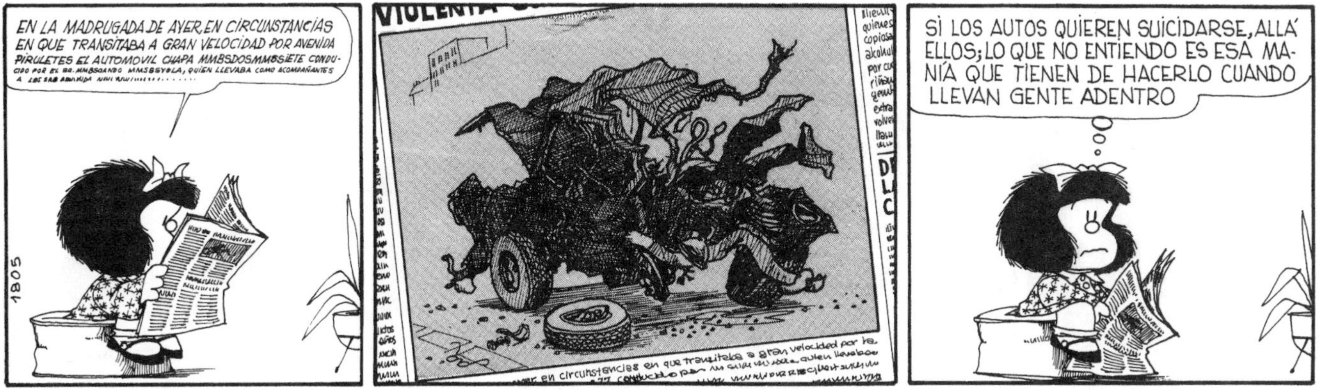

EN LA MADRUGADA DE AYER, EN CIRCUNSTANCIAS EN QUE TRANSITABA A GRAN VELOCIDAD POR AVENIDA PIRULETES EL AUTOMOVIL CHAPA MMBSDOSMMBSIETE CONDUCIDO POR EL SR. MMBSOANDO MMSBSYOLA, QUIÉN LLEVABA COMO ACOMPAÑANTES
1805
VIOLENTA
en circunstancias en que transitaba a gran velocidad por la
SÍ LOS AUTOS QUIEREN SUICIDARSE, ALLÁ ELLOS; LO QUE NO ENTIENDO ES ESA MANÍA QUE TIENEN DE HACERLO CUANDO LLEVAN GENTE ADENTRO

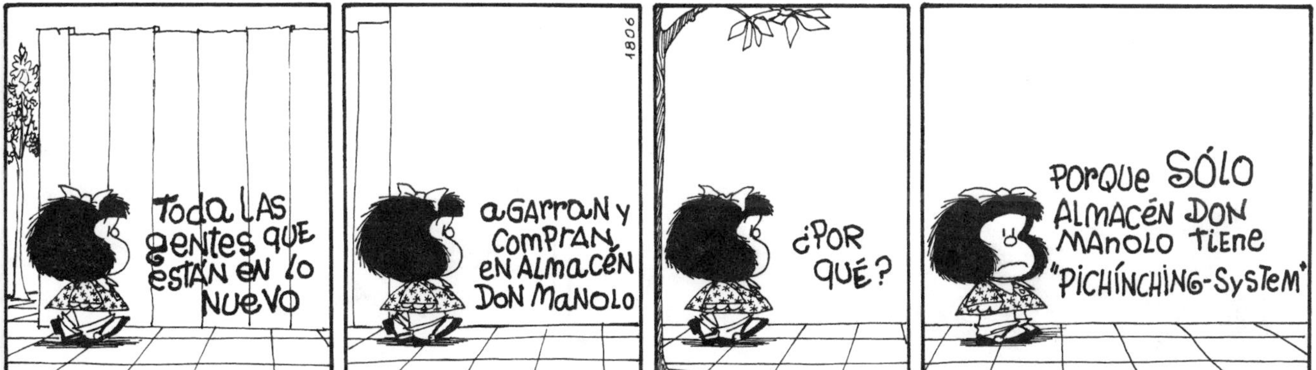

1806
Toda LAS gentes que están en lo nuevo
agarran y compran en Almacén Don Manolo
¿POR QUÉ?
PORQUE SÓLO ALMACÉN DON MANOLO TIENE "PICHÍNCHING-SYSTEM"

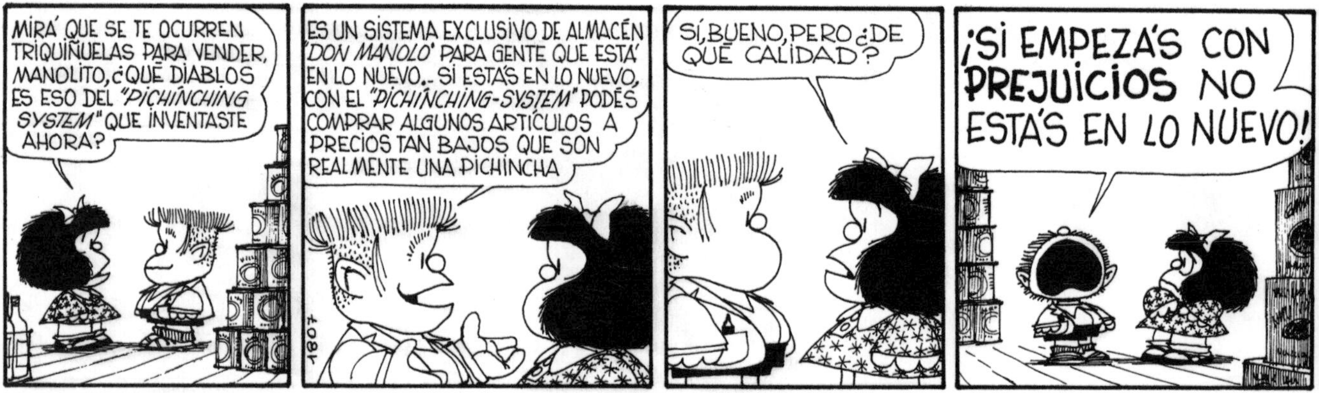
MIRÁ QUE SE TE OCURREN TRIQUIÑUELAS PARA VENDER, MANOLITO, ¿QUÉ DIABLOS ES ESO DEL "PICHINCHING SYSTEM" QUE INVENTASTE AHORA?
ES UN SISTEMA EXCLUSIVO DE ALMACÉN "DON MANOLO" PARA GENTE QUE ESTÁ EN LO NUEVO.- SI ESTÁS EN LO NUEVO, CON EL "PICHINCHING-SYSTEM" PODÉS COMPRAR ALGUNOS ARTÍCULOS A PRECIOS TAN BAJOS QUE SON REALMENTE UNA PICHINCHA
1807
SÍ, BUENO, PERO ¿DE QUÉ CALIDAD?
¡SI EMPEZÁS CON **PREJUICIOS** NO ESTÁS EN LO NUEVO!

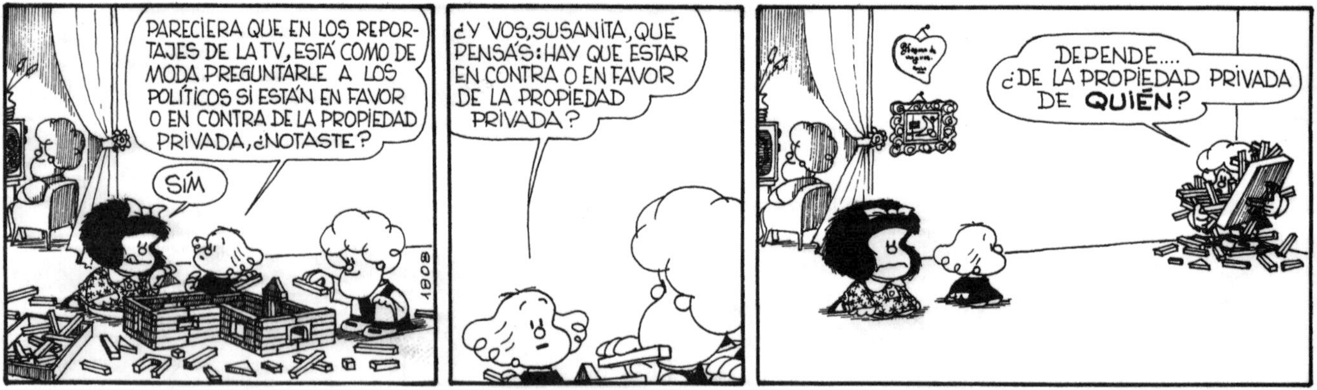
PARECIERA QUE EN LOS REPORTAJES DE LA TV, ESTÁ COMO DE MODA PREGUNTARLE A LOS POLÍTICOS SI ESTÁN EN FAVOR O EN CONTRA DE LA PROPIEDAD PRIVADA, ¿NOTASTE?
SÍM
1808
¿Y VOS, SUSANITA, QUÉ PENSÁS: HAY QUE ESTAR EN CONTRA O EN FAVOR DE LA PROPIEDAD PRIVADA?
DEPENDE.... ¿DE LA PROPIEDAD PRIVADA DE **QUIÉN**?

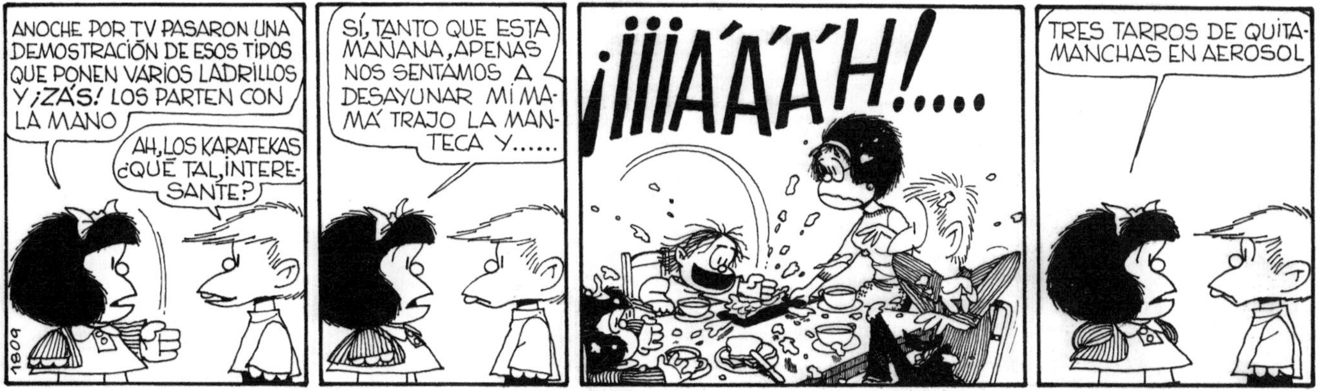
ANOCHE POR TV PASARON UNA DEMOSTRACIÓN DE ESOS TIPOS QUE PONEN VARIOS LADRILLOS Y ¡ZÁS! LOS PARTEN CON LA MANO
AH, LOS KARATEKAS ¿QUÉ TAL, INTERESANTE?
1809
SÍ, TANTO QUE ESTA MAÑANA, APENAS NOS SENTAMOS A DESAYUNAR MI MAMÁ TRAJO LA MANTECA Y......
¡¡¡¡AÁÁÁH!.....
TRES TARROS DE QUITAMANCHAS EN AEROSOL

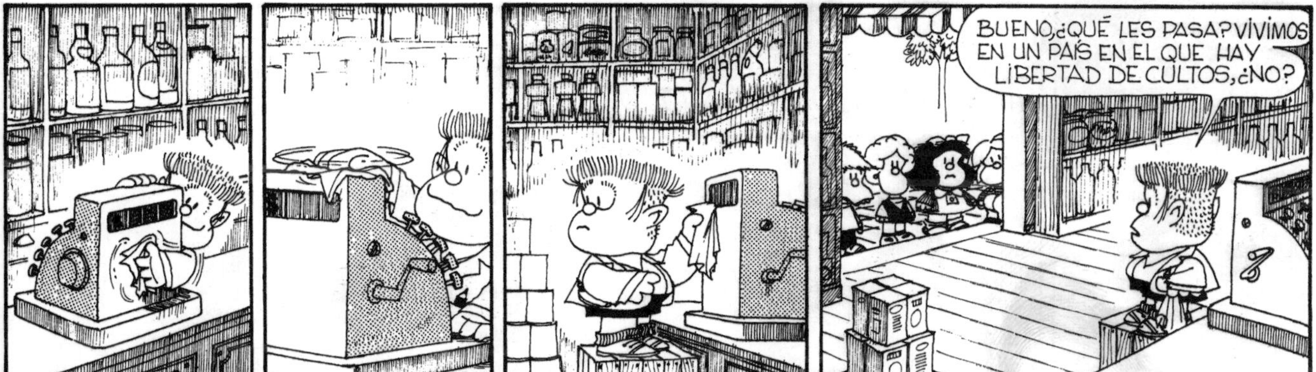
1810
BUENO, ¿QUÉ LES PASA? VIVIMOS EN UN PAÍS EN EL QUE HAY LIBERTAD DE CULTOS, ¿NO?

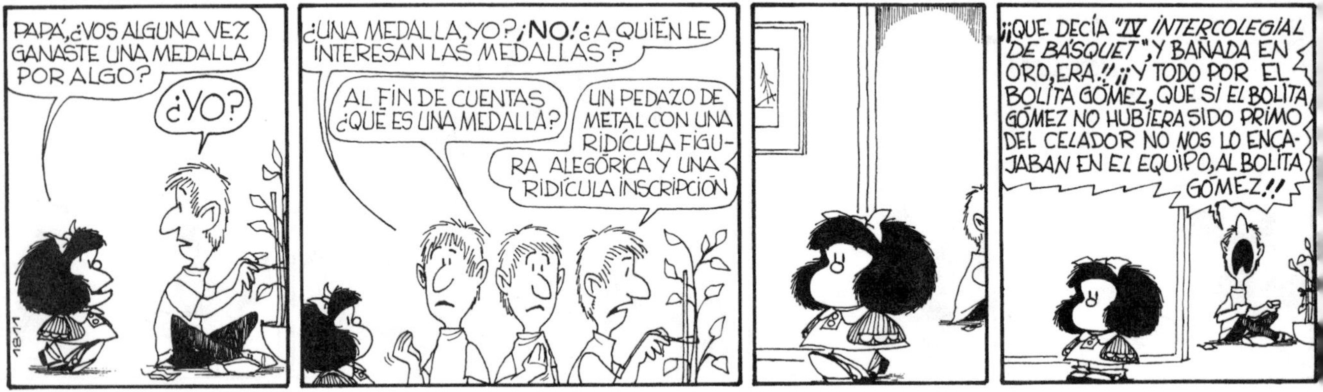
1811
PAPÁ, ¿VOS ALGUNA VEZ GANASTE UNA MEDALLA POR ALGO?
¿YO?
¿UNA MEDALLA, YO? ¡NO! ¿A QUIÉN LE INTERESAN LAS MEDALLAS?
AL FIN DE CUENTAS ¿QUÉ ES UNA MEDALLA?
UN PEDAZO DE METAL CON UNA RIDÍCULA FIGURA ALEGÓRICA Y UNA RIDÍCULA INSCRIPCIÓN
¡¡QUE DECÍA "IV INTERCOLEGIAL DE BÁSQUET", Y BAÑADA EN ORO, ERA!! ¡¡Y TODO POR EL BOLITA GÓMEZ, QUE SI EL BOLITA GÓMEZ NO HUBIERA SIDO PRIMO DEL CELADOR NO NOS LO ENCAJABAN EN EL EQUIPO, AL BOLITA GÓMEZ!!

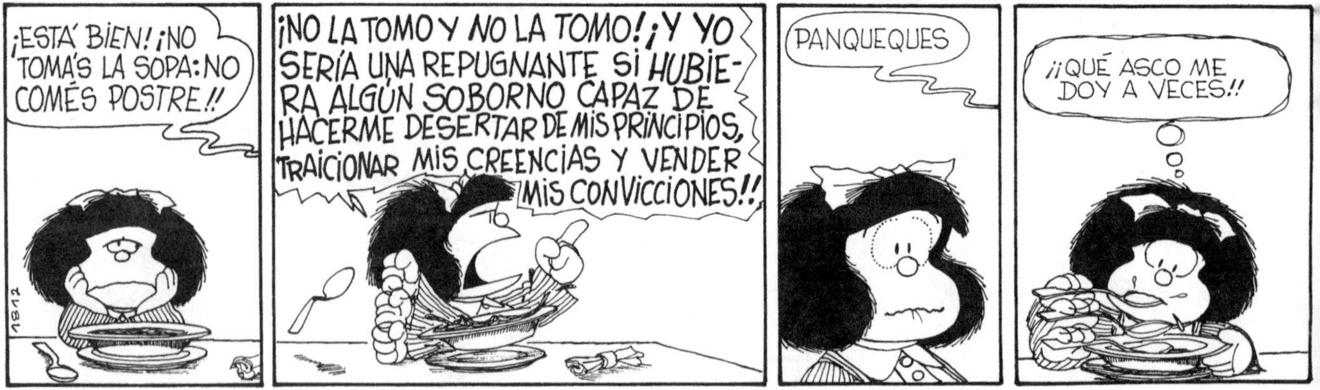
1812
¡ESTÁ BIEN! ¡NO TOMÁS LA SOPA: NO COMÉS POSTRE!!
¡NO LA TOMO Y NO LA TOMO! ¡Y YO SERÍA UNA REPUGNANTE SI HUBIERA ALGÚN SOBORNO CAPAZ DE HACERME DESERTAR DE MIS PRINCIPIOS, TRAICIONAR MIS CREENCIAS Y VENDER MIS CONVICCIONES!!
PANQUEQUES
¡¡QUÉ ASCO ME DOY A VECES!!

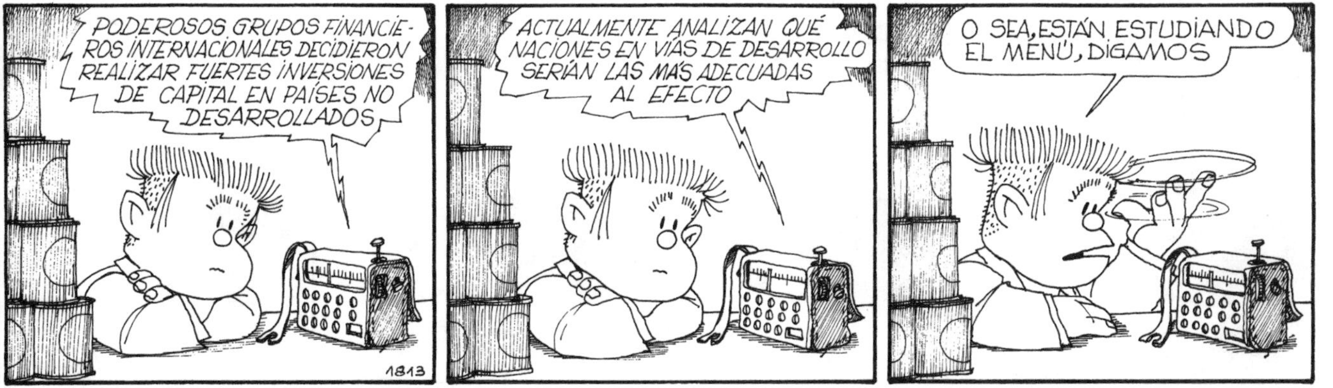
PODEROSOS GRUPOS FINANCIEROS INTERNACIONALES DECIDIERON REALIZAR FUERTES INVERSIONES DE CAPITAL EN PAÍSES NO DESARROLLADOS
1813
ACTUALMENTE ANALIZAN QUÉ NACIONES EN VÍAS DE DESARROLLO SERÍAN LAS MÁS ADECUADAS AL EFECTO
O SEA, ESTÁN ESTUDIANDO EL MENÚ, DIGAMOS

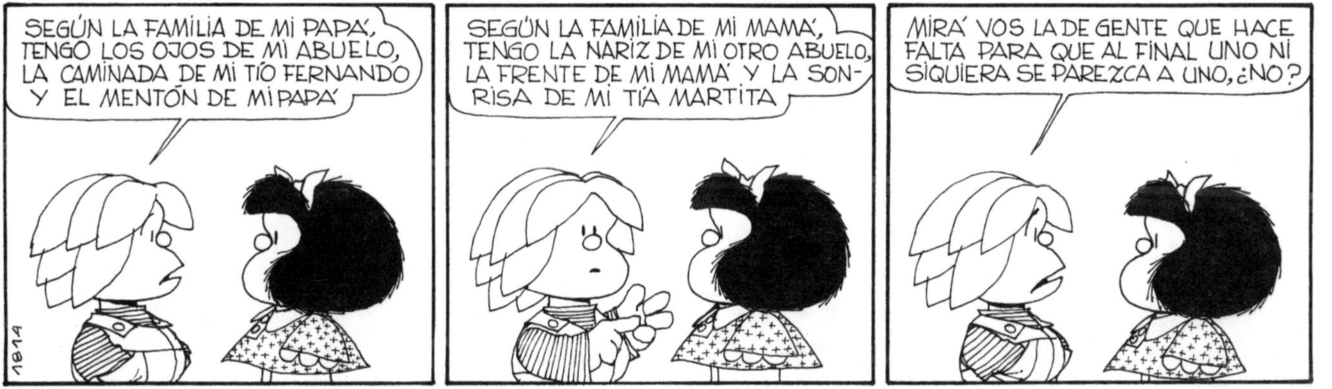
SEGÚN LA FAMILIA DE MI PAPÁ, TENGO LOS OJOS DE MI ABUELO, LA CAMINADA DE MI TÍO FERNANDO Y EL MENTÓN DE MI PAPÁ
1814
SEGÚN LA FAMILIA DE MI MAMÁ, TENGO LA NARIZ DE MI OTRO ABUELO, LA FRENTE DE MI MAMÁ Y LA SONRISA DE MI TÍA MARTITA
MIRÁ VOS LA DE GENTE QUE HACE FALTA PARA QUE AL FINAL UNO NI SIQUIERA SE PAREZCA A UNO, ¿NO?

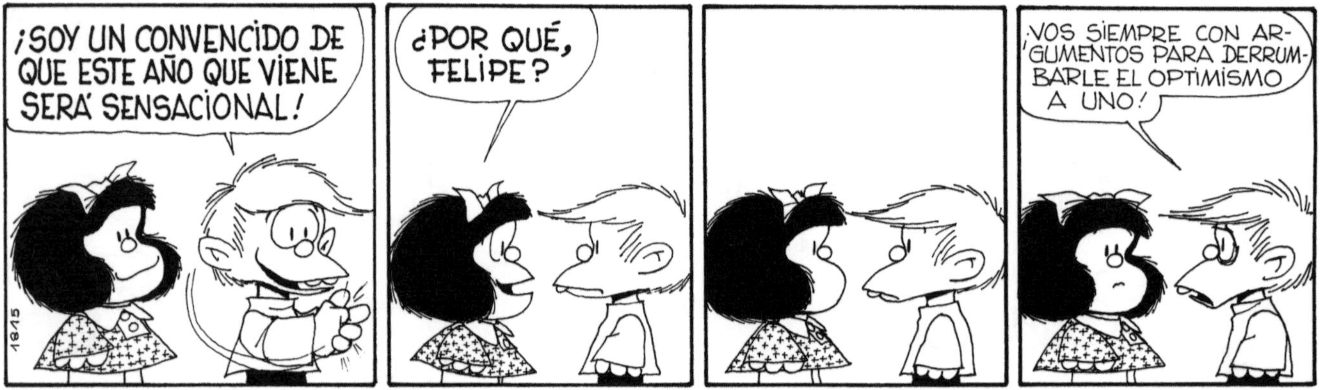
1815
¡SOY UN CONVENCIDO DE QUE ESTE AÑO QUE VIENE SERÁ SENSACIONAL!
¿POR QUÉ, FELIPE?
¡VOS SIEMPRE CON ARGUMENTOS PARA DERRUMBARLE EL OPTIMISMO A UNO!

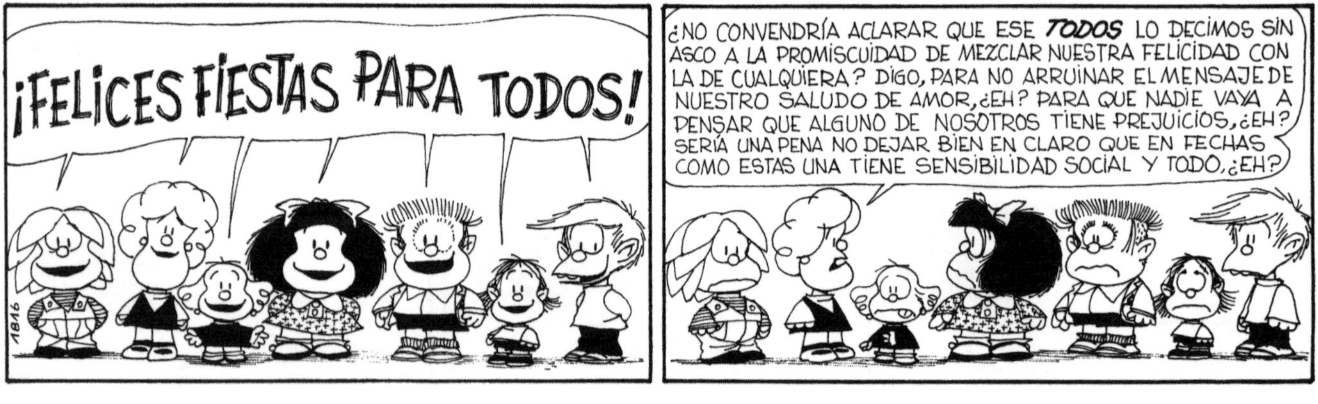
1816
¡FELICES FIESTAS PARA TODOS!
¿NO CONVENDRÍA ACLARAR QUE ESE *TODOS* LO DECIMOS SIN ASCO A LA PROMISCUIDAD DE MEZCLAR NUESTRA FELICIDAD CON LA DE CUALQUIERA? DIGO, PARA NO ARRUINAR EL MENSAJE DE NUESTRO SALUDO DE AMOR, ¿EH? PARA QUE NADIE VAYA A PENSAR QUE ALGUNO DE NOSOTROS TIENE PREJUICIOS, ¿EH? SERÍA UNA PENA NO DEJAR BIEN EN CLARO QUE EN FECHAS COMO ESTAS UNA TIENE SENSIBILIDAD SOCIAL Y TODO, ¿EH?

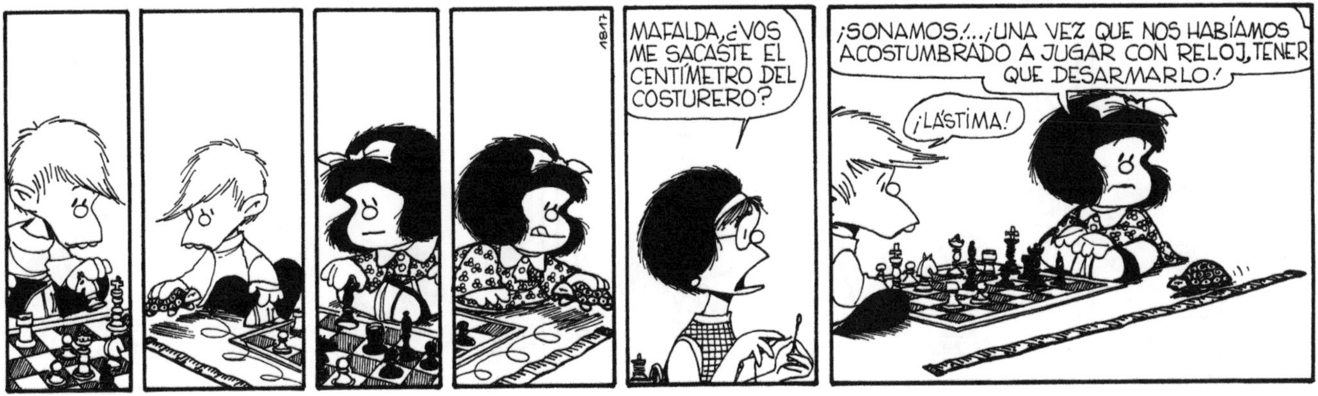
1817
MAFALDA, ¿VOS ME SACASTE EL CENTÍMETRO DEL COSTURERO?
¡SONAMOS!... ¡UNA VEZ QUE NOS HABÍAMOS ACOSTUMBRADO A JUGAR CON RELOJ, TENER QUE DESARMARLO!
¡LÁSTIMA!

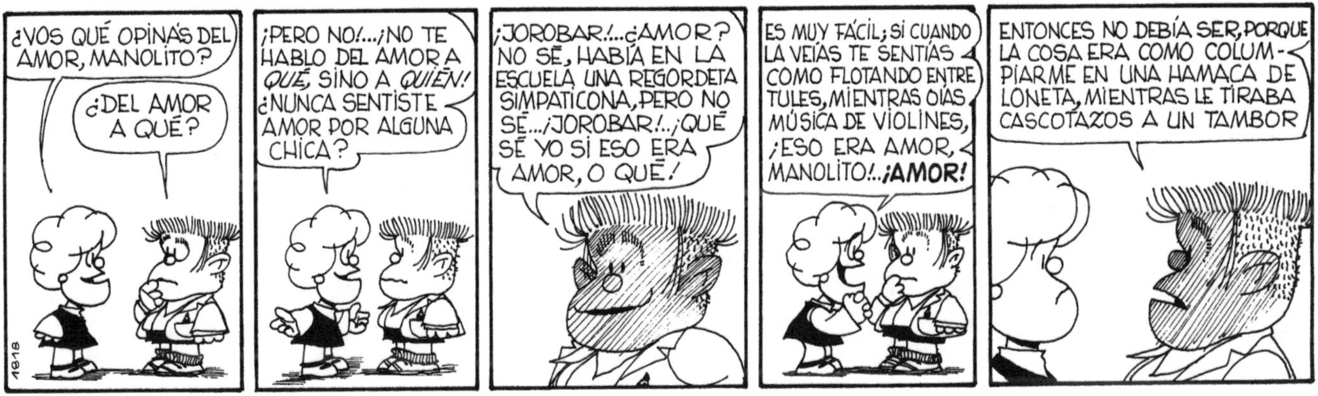
1818
¿VOS QUÉ OPINÁS DEL AMOR, MANOLITO?
¿DEL AMOR A QUÉ?
¡PERO NO!... ¡NO TE HABLO DEL AMOR A *QUÉ*, SINO A *QUIÉN*! ¿NUNCA SENTISTE AMOR POR ALGUNA CHICA?
¡JOROBAR!... ¿AMOR? NO SÉ, HABÍA EN LA ESCUELA UNA REGORDETA SIMPATICONA, PERO NO SÉ... ¡JOROBAR!... ¡QUÉ SÉ YO SI ESO ERA AMOR, O QUÉ!
ES MUY FÁCIL; SI CUANDO LA VEÍAS TE SENTÍAS COMO FLOTANDO ENTRE TULES, MIENTRAS OÍAS MÚSICA DE VIOLINES, ¡ESO ERA AMOR, MANOLITO!.. **¡AMOR!**
ENTONCES NO DEBÍA SER, PORQUE LA COSA ERA COMO COLUMPIARME EN UNA HAMACA DE LONETA, MIENTRAS LE TIRABA CASCOTAZOS A UN TAMBOR

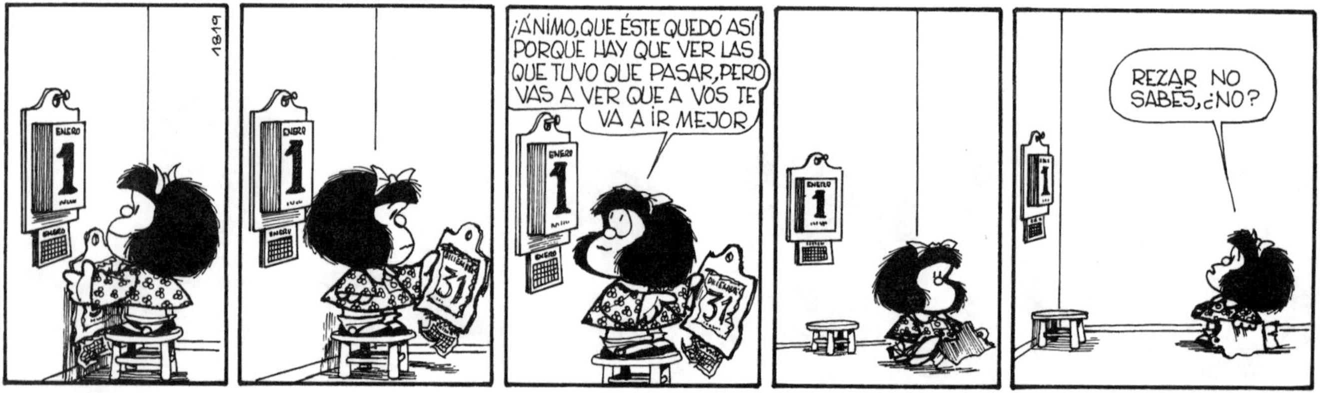
1819
¡ÁNIMO, QUE ÉSTE QUEDÓ ASÍ PORQUE HAY QUE VER LAS QUE TUVO QUE PASAR, PERO VAS A VER QUE A VOS TE VA A IR MEJOR
REZAR NO SABÉS, ¿NO?

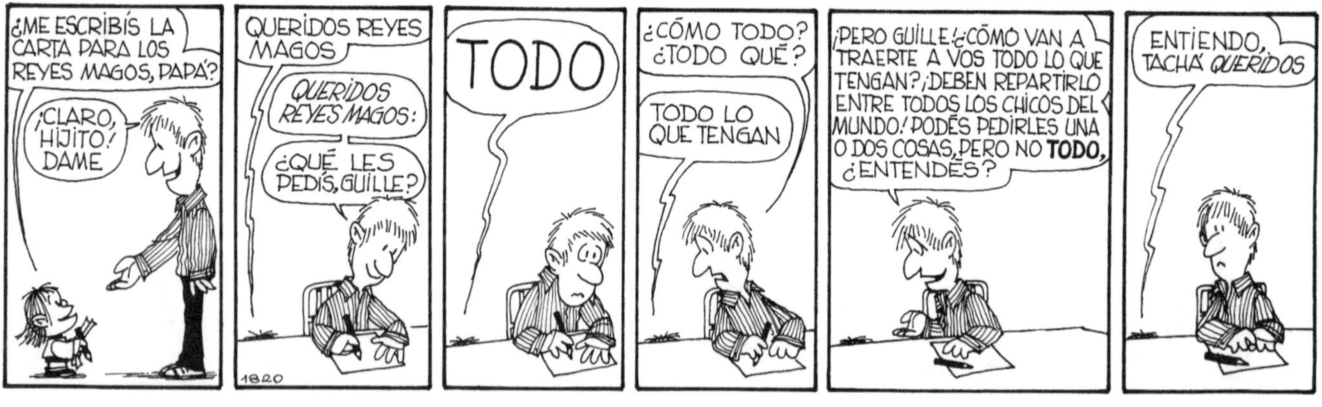
¿ME ESCRIBÍS LA CARTA PARA LOS REYES MAGOS, PAPÁ?
¡CLARO, HIJITO! DAME
QUERIDOS REYES MAGOS
QUERIDOS REYES MAGOS:
¿QUÉ LES PEDÍS, GUILLE?
1820
TODO
¿CÓMO TODO? ¿TODO QUÉ?
TODO LO QUE TENGAN
¡PERO GUILLE! ¿CÓMO VAN A TRAERTE A VOS TODO LO QUE TENGAN? ¡DEBEN REPARTIRLO ENTRE TODOS LOS CHICOS DEL MUNDO! PODÉS PEDIRLES UNA O DOS COSAS, PERO NO **TODO**, ¿ENTENDÉS?
ENTIENDO, TACHÁ *QUERIDOS*

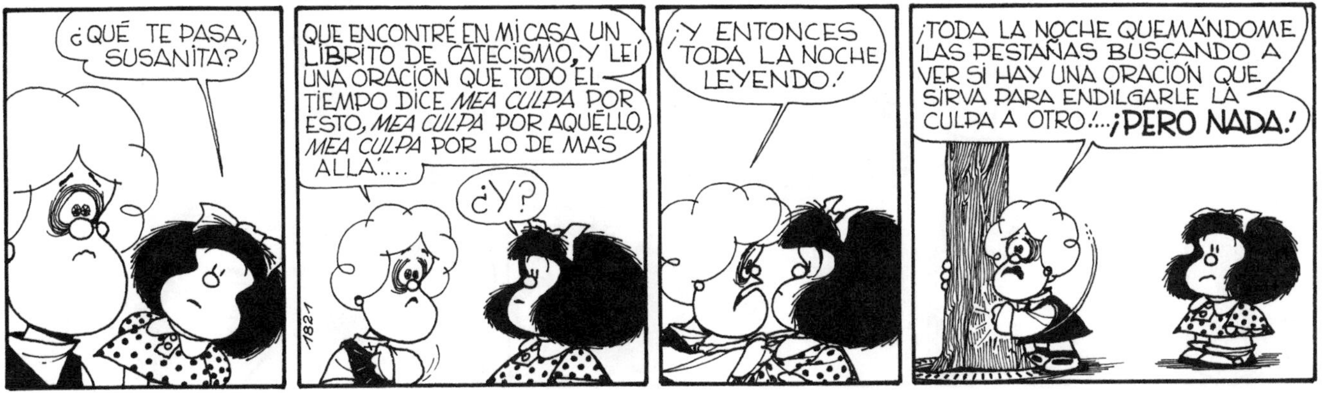
¿QUÉ TE PASA, SUSANITA?
QUE ENCONTRÉ EN MI CASA UN LIBRITO DE CATECISMO, Y LEÍ UNA ORACIÓN QUE TODO EL TIEMPO DICE *MEA CULPA* POR ESTO, *MEA CULPA* POR AQUELLO, *MEA CULPA* POR LO DE MÁS ALLÁ....
¿Y?
1821
¡Y ENTONCES TODA LA NOCHE LEYENDO!
¡TODA LA NOCHE QUEMÁNDOME LAS PESTAÑAS BUSCANDO A VER SI HAY UNA ORACIÓN QUE SIRVA PARA ENDILGARLE LA CULPA A OTRO!...¡PERO NADA!

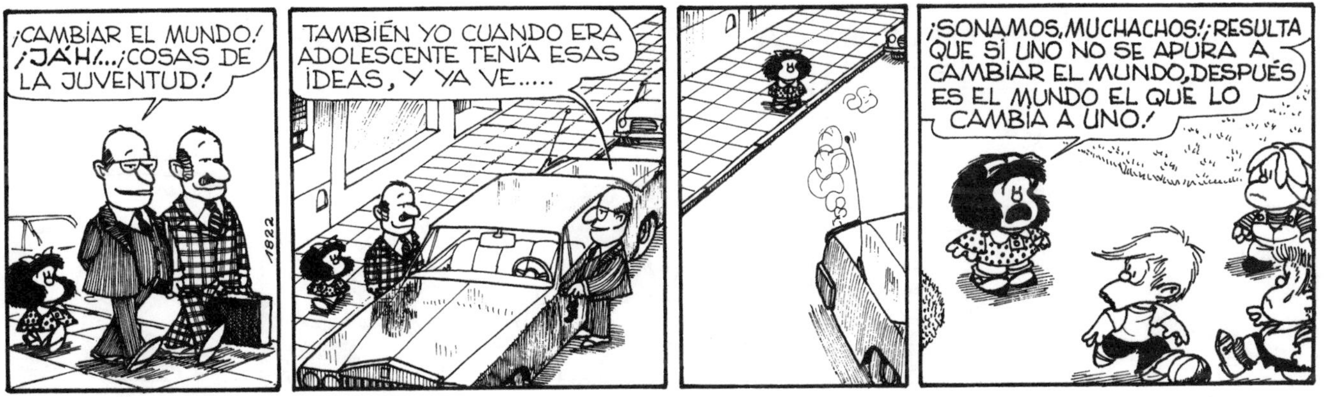
¡CAMBIAR EL MUNDO! ¡JÁH!...¡COSAS DE LA JUVENTUD!
1822
TAMBIÉN YO CUANDO ERA ADOLESCENTE TENÍA ESAS IDEAS, Y YA VE.....
¡SONAMOS, MUCHACHOS! ¡RESULTA QUE SI UNO NO SE APURA A CAMBIAR EL MUNDO, DESPUÉS ES EL MUNDO EL QUE LO CAMBIA A UNO!

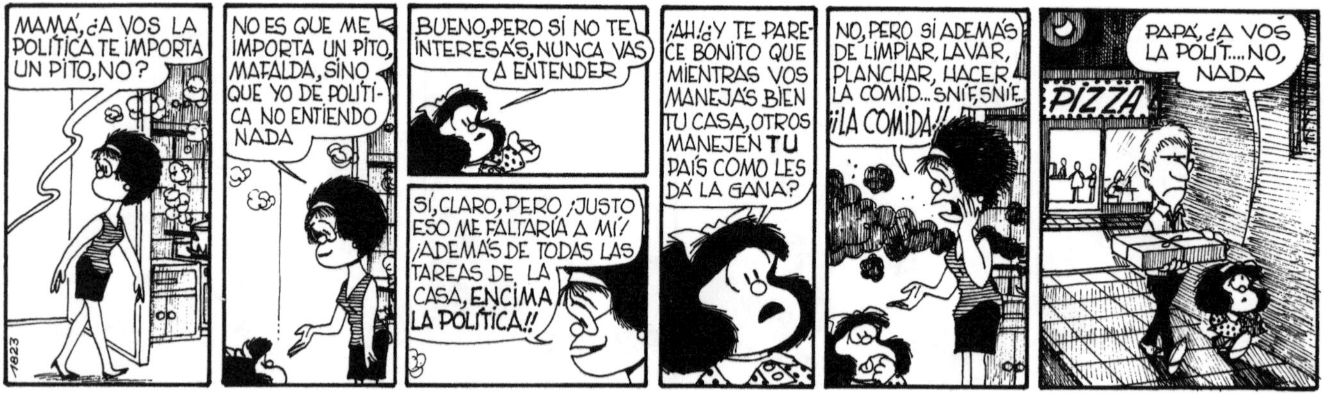
MAMÁ, ¿A VOS LA POLÍTICA TE IMPORTA UN PITO, NO?
NO ES QUE ME IMPORTA UN PITO, MAFALDA, SINO QUE YO DE POLÍTICA NO ENTIENDO NADA
BUENO, PERO SI NO TE INTERESÁS, NUNCA VAS A ENTENDER
SÍ, CLARO, PERO ¡JUSTO ESO ME FALTARÍA A MÍ! ¡ADEMÁS DE TODAS LAS TAREAS DE LA CASA, **ENCIMA LA POLÍTICA**!!
¡AH! ¿Y TE PARECE BONITO QUE MIENTRAS VOS MANEJÁS BIEN TU CASA, OTROS MANEJEN **TU** PAÍS COMO LES DÁ LA GANA?
NO, PERO SI ADEMÁS DE LIMPIAR, LAVAR, PLANCHAR, HACER LA COMID... SNIF, SNIF...
¡LA COMIDA!!
PIZZA
PAPÁ, ¿A VOS LA POLIT.... NO, NADA

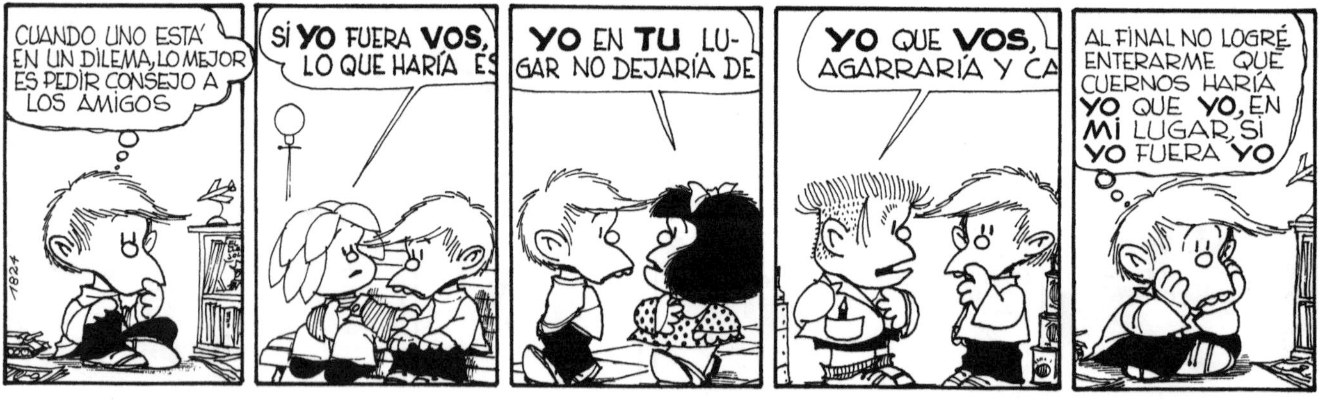
CUANDO UNO ESTÁ EN UN DILEMA, LO MEJOR ES PEDIR CONSEJO A LOS AMIGOS
SI **YO** FUERA **VOS**, LO QUE HARÍA ES
YO EN **TU** LUGAR NO DEJARÍA DE
YO QUE **VOS**, AGARRARÍA Y CA
AL FINAL NO LOGRÉ ENTERARME QUÉ CUERNOS HARÍA **YO** QUE **YO**, EN **MI** LUGAR, SI **YO** FUERA **YO**

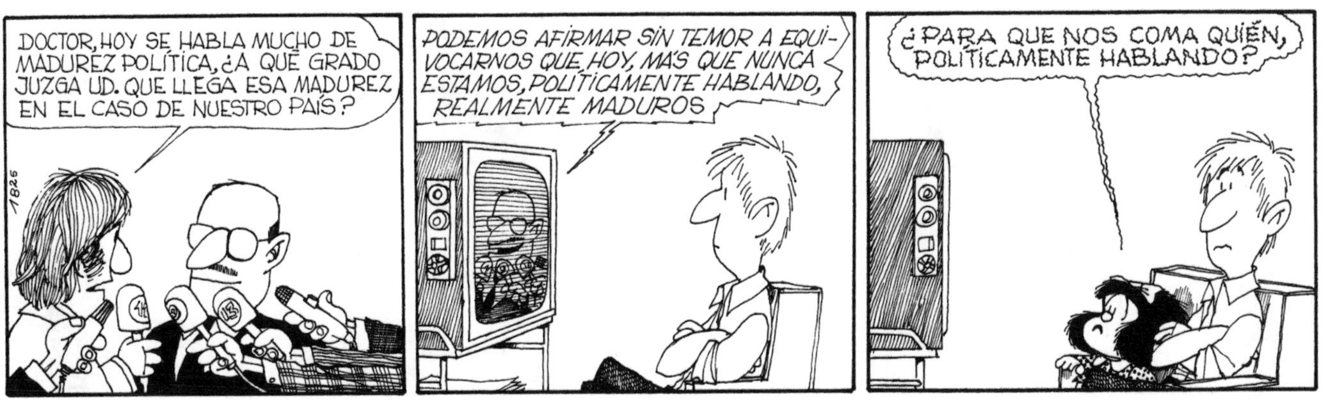
1825
DOCTOR, HOY SE HABLA MUCHO DE MADUREZ POLÍTICA, ¿A QUÉ GRADO JUZGA UD. QUE LLEGA ESA MADUREZ EN EL CASO DE NUESTRO PAÍS?
PODEMOS AFIRMAR SIN TEMOR A EQUIVOCARNOS QUE, HOY, MÁS QUE NUNCA ESTAMOS, POLÍTICAMENTE HABLANDO, REALMENTE MADUROS
¿PARA QUE NOS COMA QUIÉN, POLÍTICAMENTE HABLANDO?

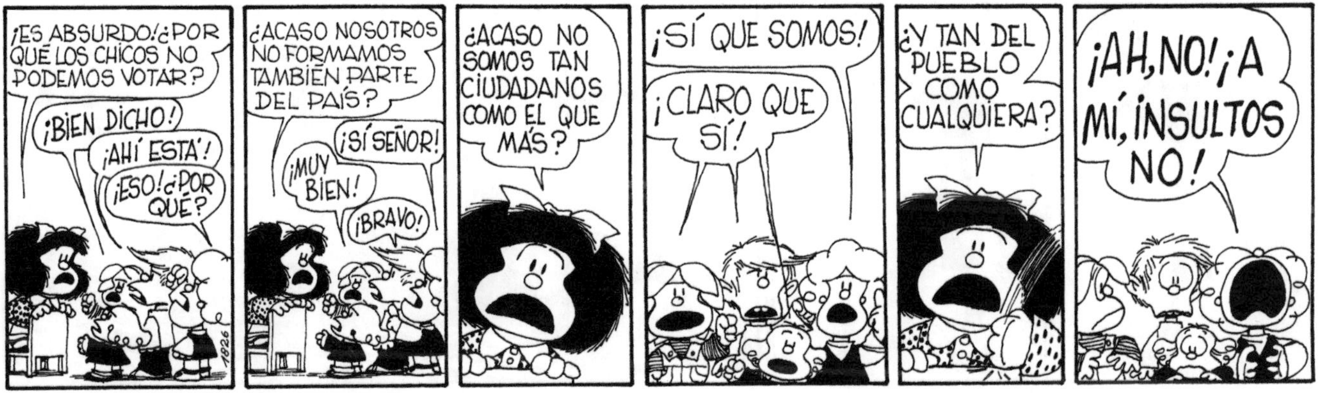
¡ES ABSURDO! ¿POR QUÉ LOS CHICOS NO PODEMOS VOTAR?
¡BIEN DICHO!
¡AHÍ ESTÁ!
¡ESO! ¿POR QUÉ?
1826
¿ACASO NOSOTROS NO FORMAMOS TAMBIÉN PARTE DEL PAÍS?
¡SÍ SEÑOR!
¡MUY BIEN!
¡BRAVO!
¿ACASO NO SOMOS TAN CIUDADANOS COMO EL QUE MÁS?
¡SÍ QUE SOMOS!
¡CLARO QUE SÍ!
¿Y TAN DEL PUEBLO COMO CUALQUIERA?
¡AH, NO! ¡A MÍ, INSULTOS NO!

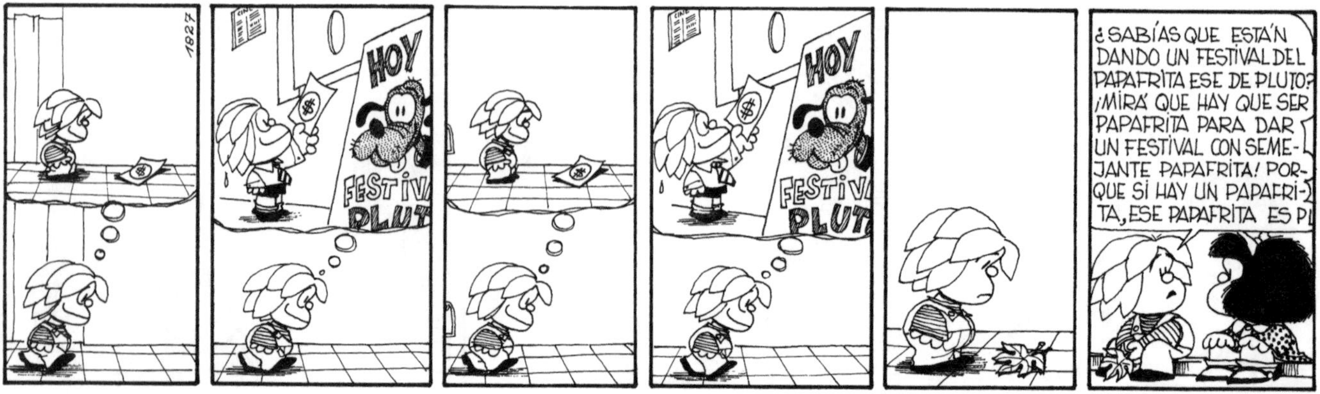
1827
HOY
FESTIVA
PLUT
¿SABÍAS QUE ESTÁN DANDO UN FESTIVAL DEL PAPAFRITA ESE DE PLUTO? ¡MIRÁ QUE HAY QUE SER PAPAFRITA PARA DAR UN FESTIVAL CON SEME-JANTE PAPAFRITA! POR-QUE SI HAY UN PAPAFRI-TA, ESE PAPAFRITA ES P

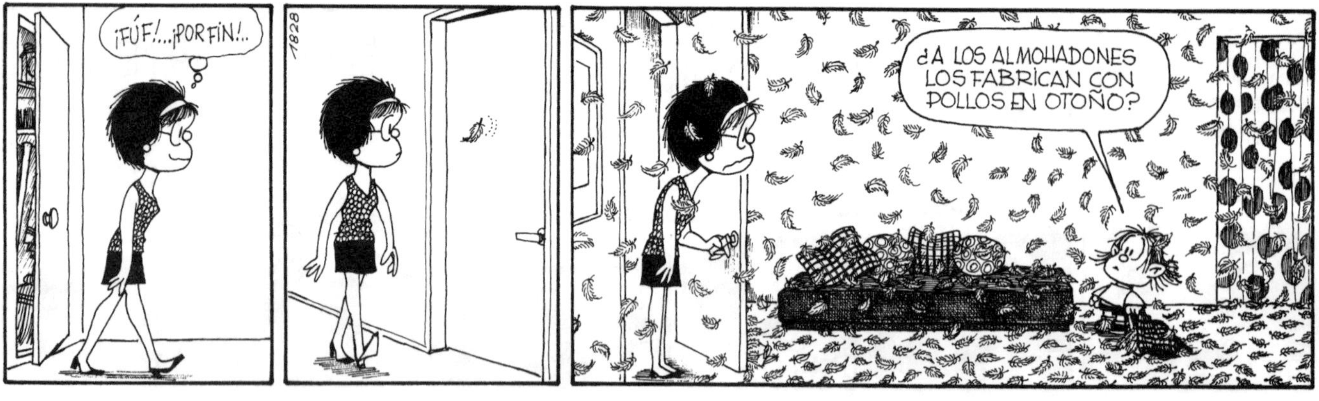
¡FÚF!...¡POR FIN!..
1828
¿A LOS ALMOHADONES LOS FABRICAN CON POLLOS EN OTOÑO?

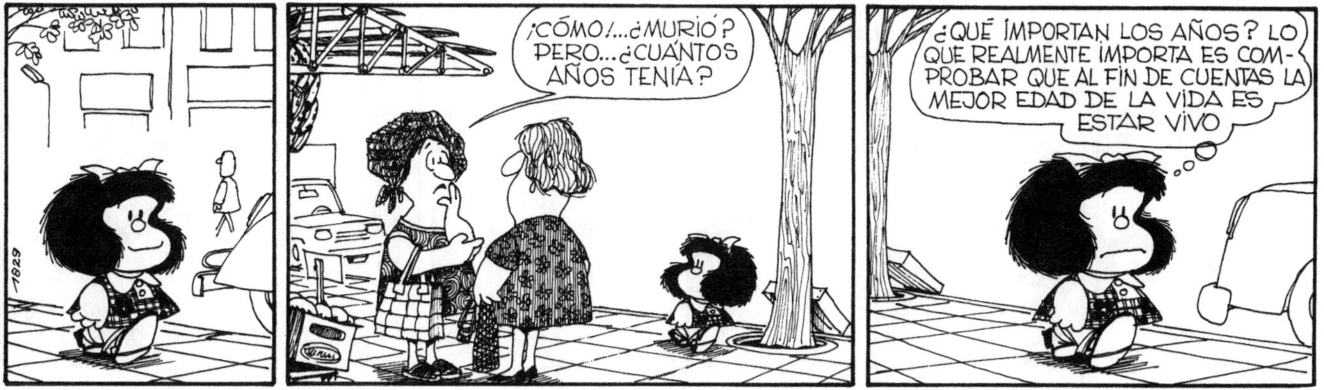
1829
¡CÓMO!...¿MURIÓ? PERO...¿CUÁNTOS AÑOS TENÍA?
¿QUÉ IMPORTAN LOS AÑOS? LO QUE REALMENTE IMPORTA ES COMPROBAR QUE AL FIN DE CUENTAS LA MEJOR EDAD DE LA VIDA ES ESTAR VIVO

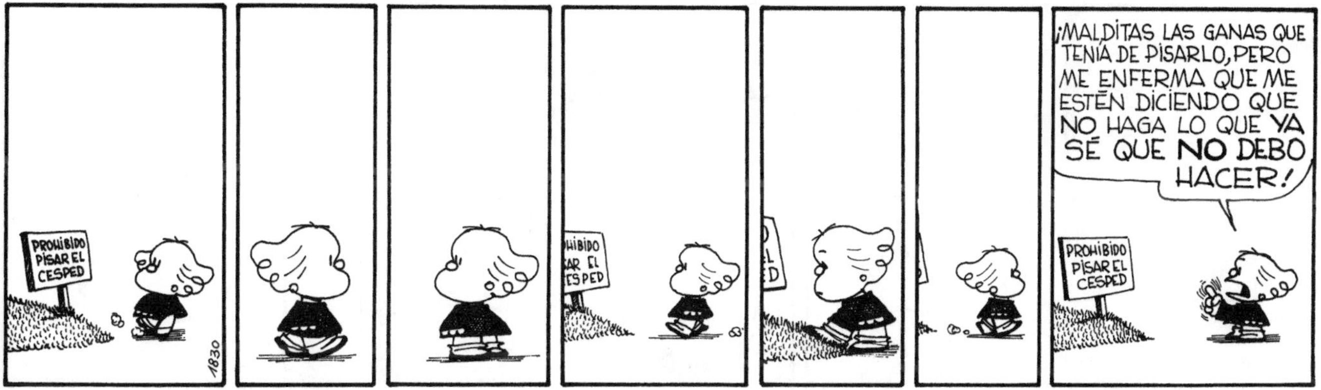
PROHIBIDO PISAR EL CESPED
1830
PROHIBIDO PISAR EL CESPED
¡MALDITAS LAS GANAS QUE TENÍA DE PISARLO, PERO ME ENFERMA QUE ME ESTÉN DICIENDO QUE NO HAGA LO QUE YA SÉ QUE NO DEBO HACER!

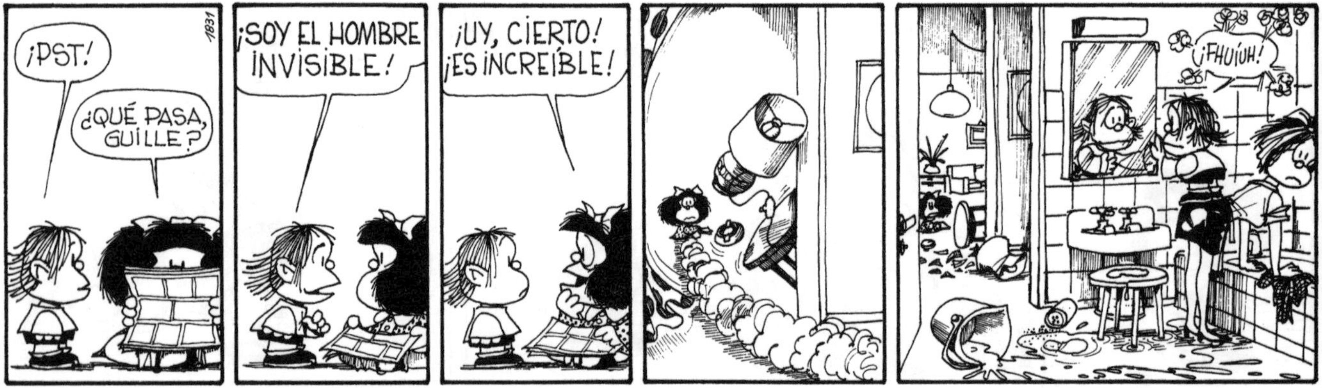
1831
¡PST!
¿QUÉ PASA, GUILLE?
¡SOY EL HOMBRE INVISIBLE!
¡UY, CIERTO! ¡ES INCREÍBLE!
¡FHUÍUH!

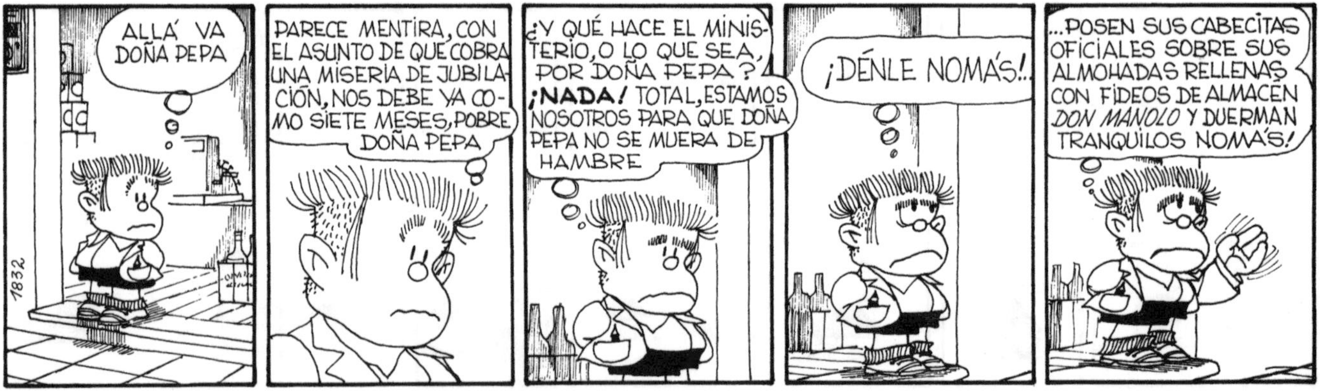
1832
ALLÁ VA DOÑA PEPA
PARECE MENTIRA, CON EL ASUNTO DE QUE COBRA UNA MISERIA DE JUBILACIÓN, NOS DEBE YA COMO SIETE MESES, POBRE DOÑA PEPA
¿Y QUÉ HACE EL MINISTERIO, O LO QUE SEA, POR DOÑA PEPA? **¡NADA!** TOTAL, ESTAMOS NOSOTROS PARA QUE DOÑA PEPA NO SE MUERA DE HAMBRE
¡DÉNLE NOMÁS!
...POSEN SUS CABECITAS OFICIALES SOBRE SUS ALMOHADAS RELLENAS CON FIDEOS DE ALMACEN *DON MANOLO* Y DUERMAN TRANQUILOS NOMÁS!

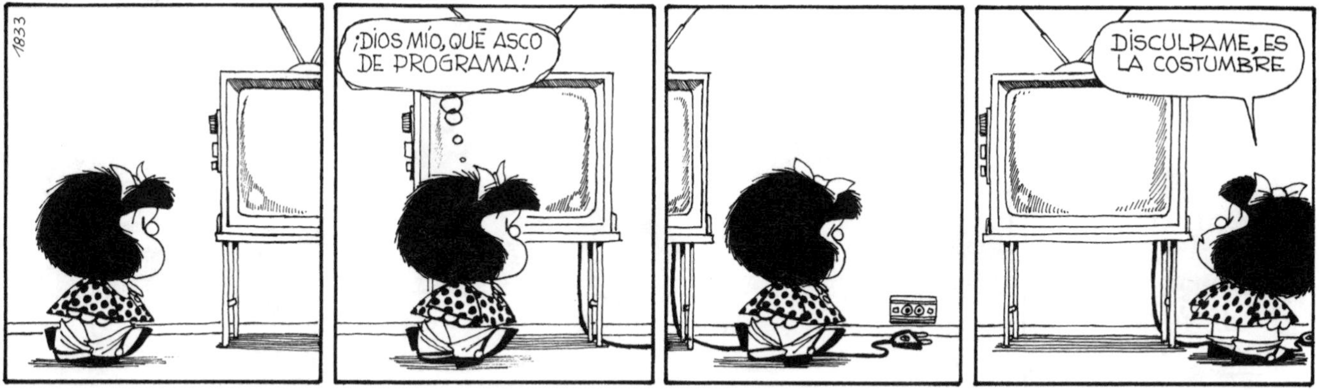
1833
¡DIOS MÍO, QUÉ ASCO DE PROGRAMA!
DISCULPAME, ES LA COSTUMBRE

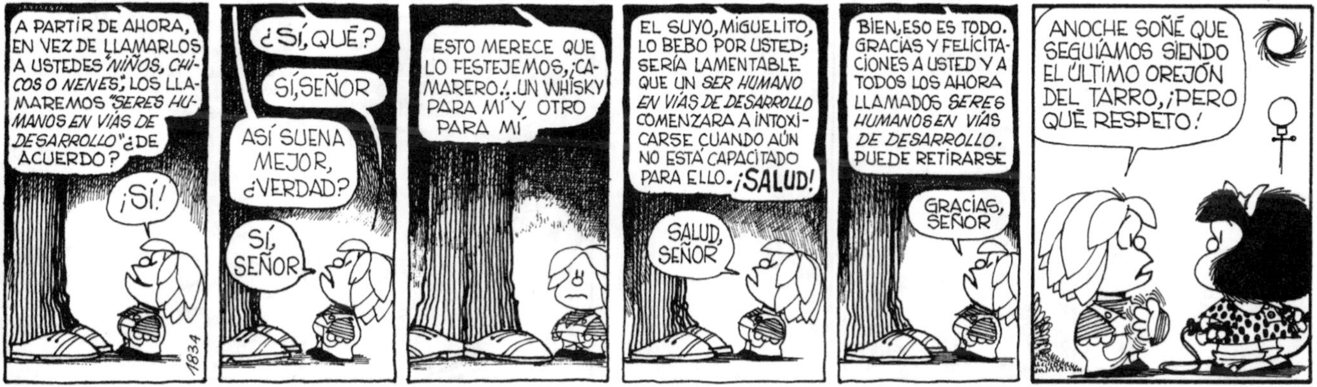
A PARTIR DE AHORA, EN VEZ DE LLAMARLOS A USTEDES "NIÑOS, CHICOS O NENES", LOS LLAMAREMOS "SERES HUMANOS EN VÍAS DE DESARROLLO" ¿DE ACUERDO?
¡SÍ!
1834
¿SÍ, QUÉ?
SÍ, SEÑOR
ASÍ SUENA MEJOR, ¿VERDAD?
SÍ, SEÑOR
ESTO MERECE QUE LO FESTEJEMOS, ¡CAMARERO!... UN WHISKY PARA MÍ Y OTRO PARA MÍ
EL SUYO, MIGUELITO, LO BEBO POR USTED; SERÍA LAMENTABLE QUE UN SER HUMANO EN VÍAS DE DESARROLLO COMENZARA A INTOXICARSE CUANDO AÚN NO ESTÁ CAPACITADO PARA ELLO. ¡SALUD!
SALUD, SEÑOR
BIEN, ESO ES TODO. GRACIAS Y FELICITACIONES A USTED Y A TODOS LOS AHORA LLAMADOS SERES HUMANOS EN VÍAS DE DESARROLLO. PUEDE RETIRARSE
GRACIAS, SEÑOR
ANOCHE SOÑÉ QUE SEGUÍAMOS SIENDO EL ÚLTIMO OREJÓN DEL TARRO, ¡PERO QUÉ RESPETO!

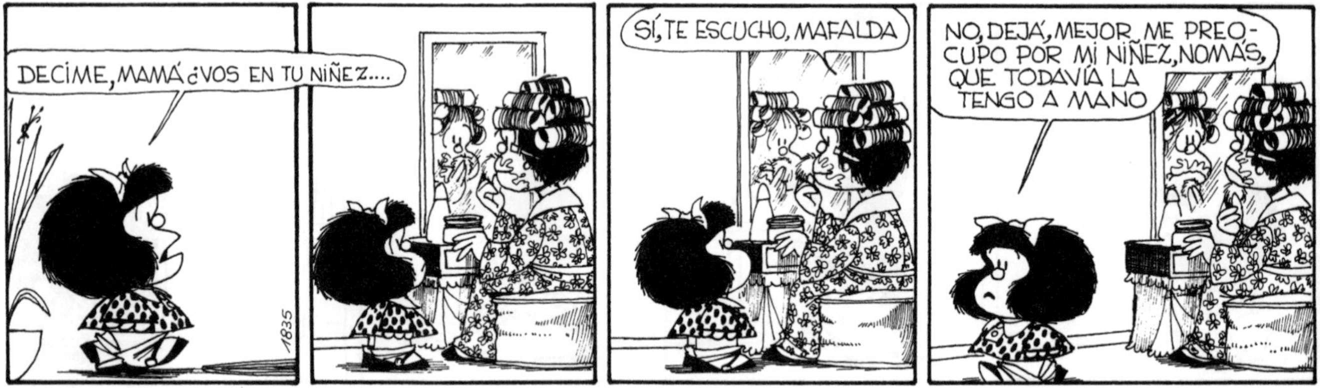
DECIME, MAMÁ ¿VOS EN TU NIÑEZ....
1835
SÍ, TE ESCUCHO, MAFALDA
NO, DEJÁ, MEJOR ME PREOCUPO POR MI NIÑEZ, NOMÁS, QUE TODAVÍA LA TENGO A MANO

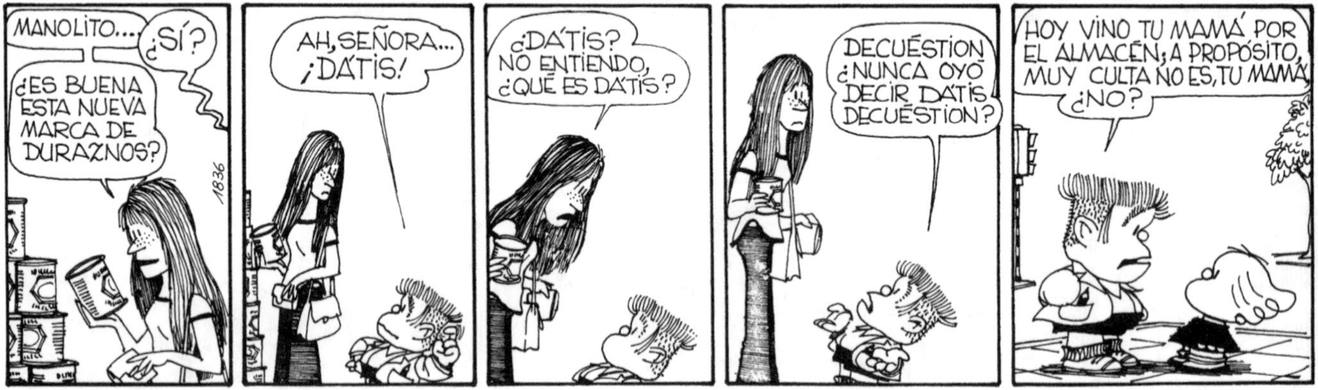
MANOLITO...
¿SÍ?
¿ES BUENA ESTA NUEVA MARCA DE DURAZNOS?
1836
AH, SEÑORA... ¡DÁTIS!
¿DÁTIS? NO ENTIENDO, ¿QUÉ ES DÁTIS?
DECUÉSTION ¿NUNCA OYÓ DECIR DÁTIS DECUÉSTION?
HOY VINO TU MAMÁ POR EL ALMACÉN; A PROPÓSITO, MUY CULTA NO ES, TU MAMÁ, ¿NO?

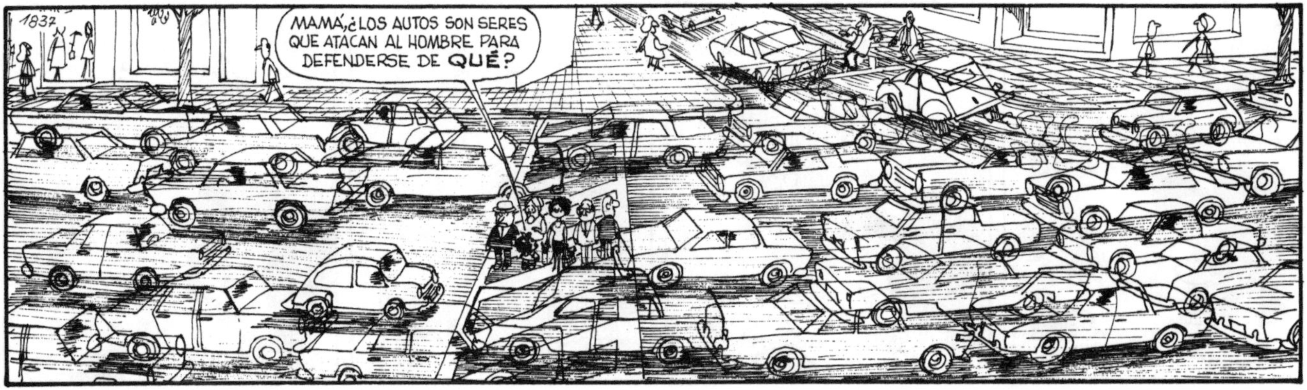
1837
MAMÁ, ¿LOS AUTOS SON SERES QUE ATACAN AL HOMBRE PARA DEFENDERSE DE **QUÉ**?

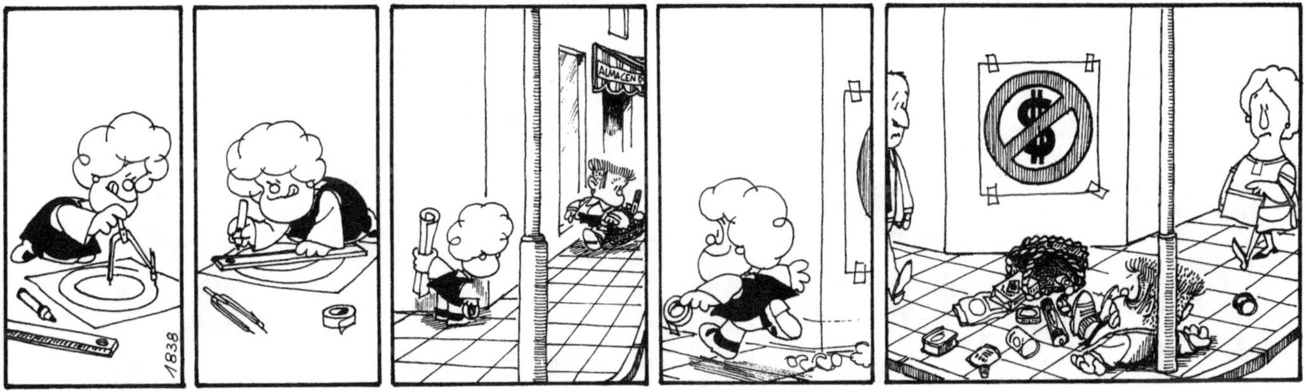
1838

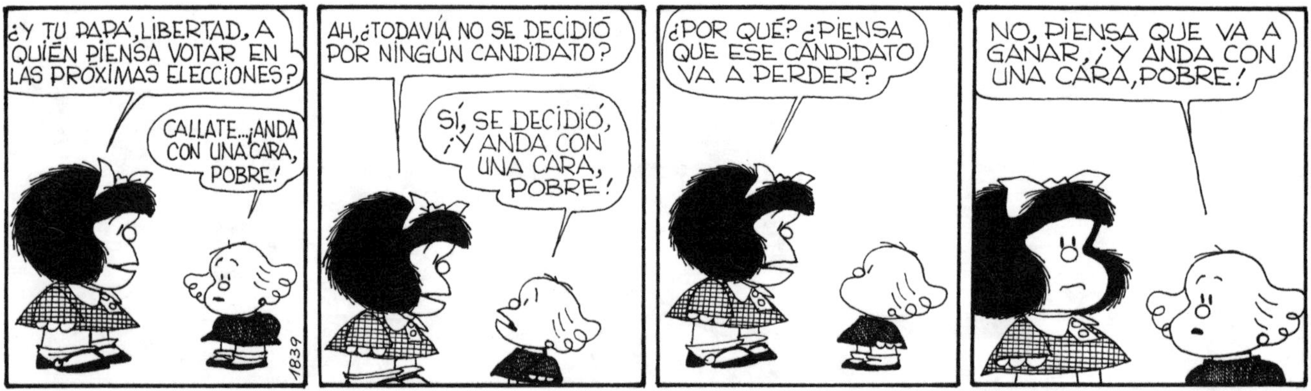
¿Y TU PAPÁ, LIBERTAD, A QUIÉN PIENSA VOTAR EN LAS PRÓXIMAS ELECCIONES?
CALLATE...¡ANDA CON UNA CARA, POBRE!
1839
AH, ¿TODAVÍA NO SE DECIDIÓ POR NINGÚN CANDIDATO?
SÍ, SE DECIDIÓ, ¡Y ANDA CON UNA CARA, POBRE!
¿POR QUÉ? ¿PIENSA QUE ESE CANDIDATO VA A PERDER?
NO, PIENSA QUE VA A GANAR, ¡Y ANDA CON UNA CARA, POBRE!

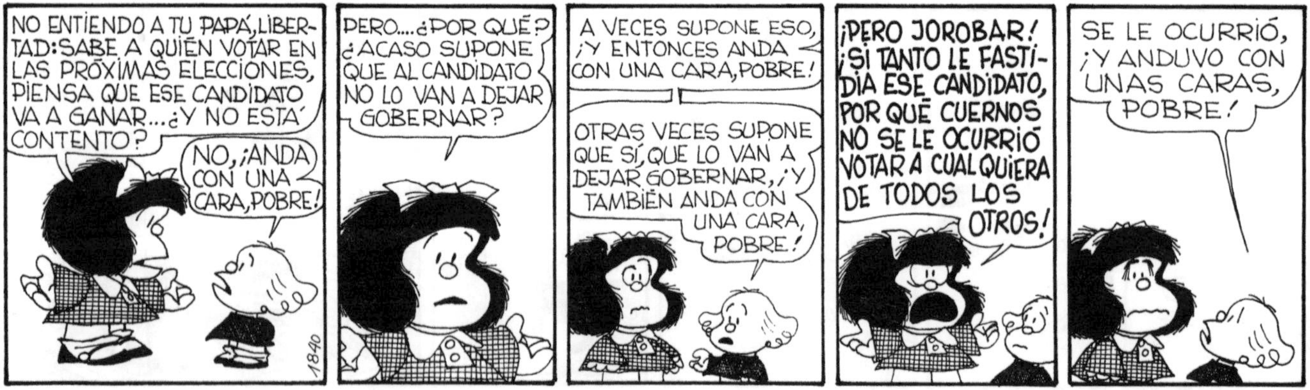
NO ENTIENDO A TU PAPÁ, LIBERTAD: SABE A QUIÉN VOTAR EN LAS PRÓXIMAS ELECCIONES, PIENSA QUE ESE CANDIDATO VA A GANAR...¿Y NO ESTÁ CONTENTO?
NO, ¡ANDA CON UNA CARA, POBRE!
1840
PERO....¿POR QUÉ? ¿ACASO SUPONE QUE AL CANDIDATO NO LO VAN A DEJAR GOBERNAR?
A VECES SUPONE ESO, ¡Y ENTONCES ANDA CON UNA CARA, POBRE!
OTRAS VECES SUPONE QUE SÍ, QUE LO VAN A DEJAR GOBERNAR, ¡Y TAMBIÉN ANDA CON UNA CARA, POBRE!
¡PERO JOROBAR! ¡SI TANTO LE FASTIDIA ESE CANDIDATO, POR QUÉ CUERNOS NO SE LE OCURRIÓ VOTAR A CUALQUIERA DE TODOS LOS OTROS!
SE LE OCURRIÓ, ¡Y ANDUVO CON UNAS CARAS, POBRE!

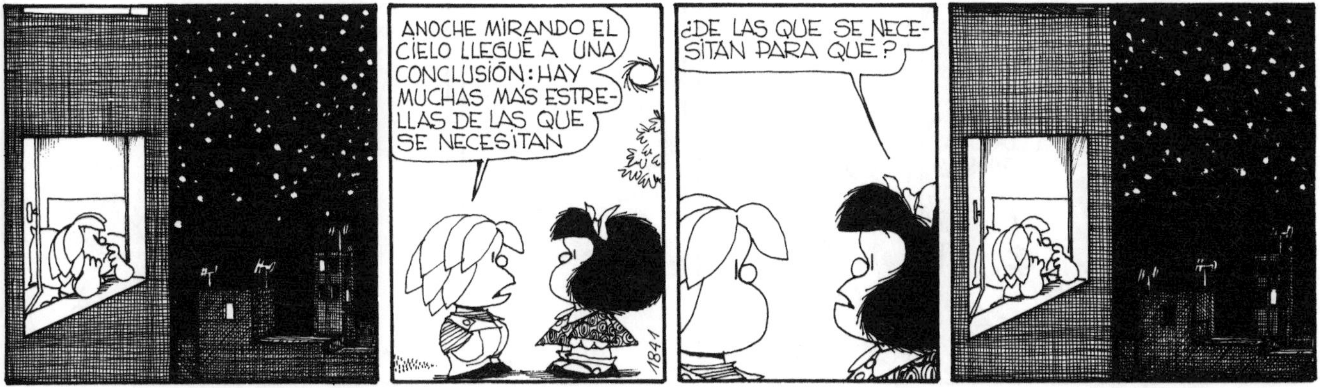
ANOCHE MIRANDO EL CIELO LLEGUÉ A UNA CONCLUSIÓN: HAY MUCHAS MÁS ESTRELLAS DE LAS QUE SE NECESITAN
1841
¿DE LAS QUE SE NECESITAN PARA QUÉ?

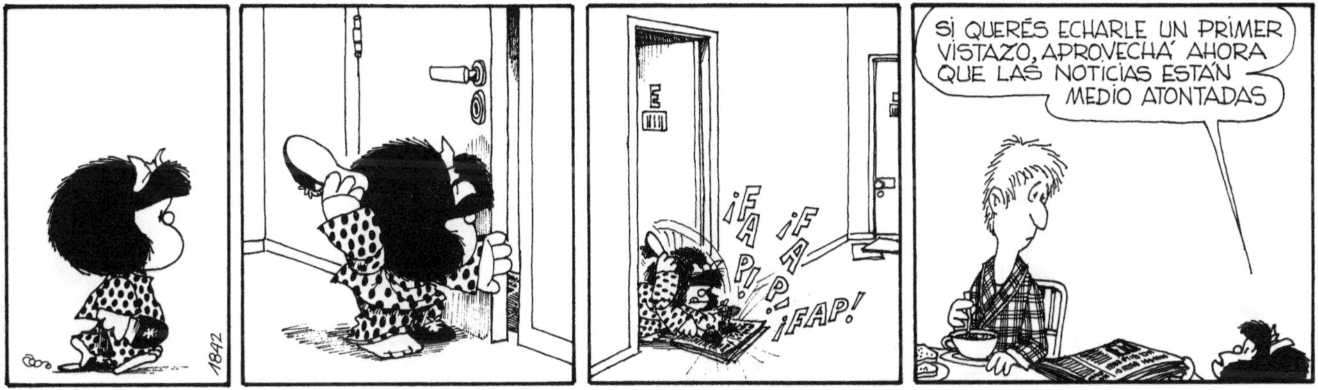
1842
¡FAP! ¡FAP! ¡FAP!
SI QUERÉS ECHARLE UN PRIMER VISTAZO, APROVECHÁ AHORA QUE LAS NOTICIAS ESTÁN MEDIO ATONTADAS

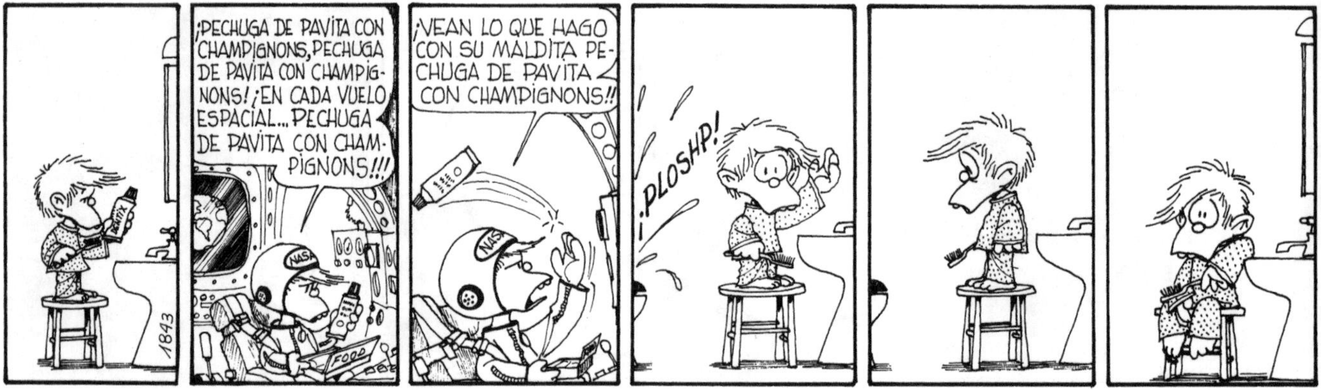
1843
¡PECHUGA DE PAVITA CON CHAMPIGNONS, PECHUGA DE PAVITA CON CHAMPIGNONS! ¡EN CADA VUELO ESPACIAL... PECHUGA DE PAVITA CON CHAMPIGNONS!!!
NASA
FOOD
¡VEAN LO QUE HAGO CON SU MALDITA PECHUGA DE PAVITA CON CHAMPIGNONS!!
NASA
¡PLOSHP!

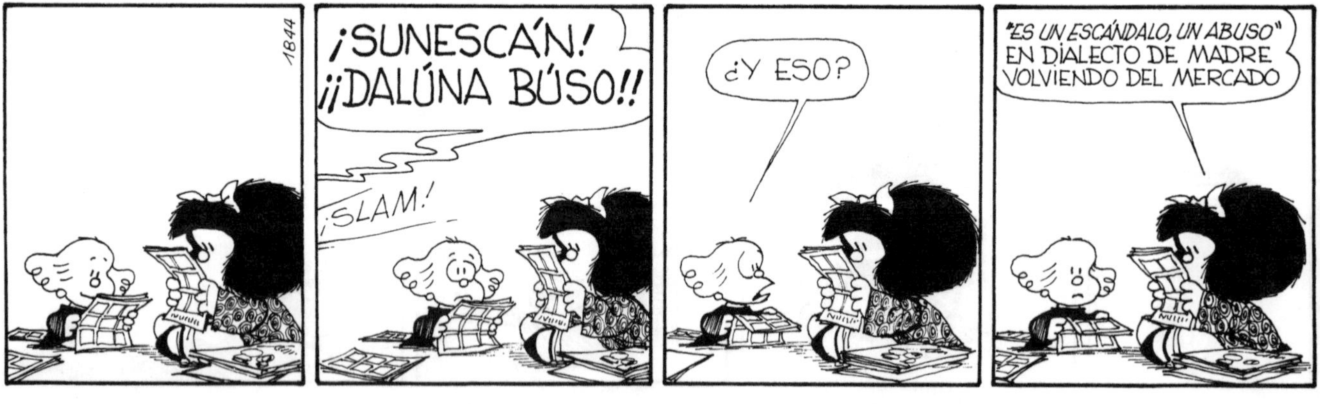
1844
¡SUNESCA'N! ¡¡DALÚNA BÚSO!!
¡SLAM!
¿Y ESO?
"ES UN ESCÁNDALO, UN ABUSO" EN DIALECTO DE MADRE VOLVIENDO DEL MERCADO

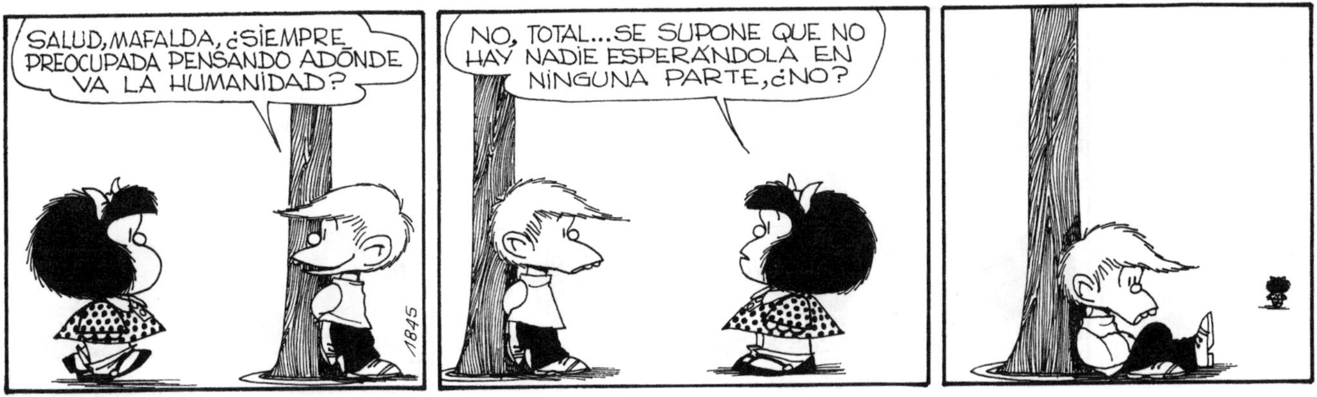
SALUD, MAFALDA, ¿SIEMPRE PREOCUPADA PENSANDO ADÓNDE VA LA HUMANIDAD?
1845
NO, TOTAL...SE SUPONE QUE NO HAY NADIE ESPERÁNDOLA EN NINGUNA PARTE, ¿NO?

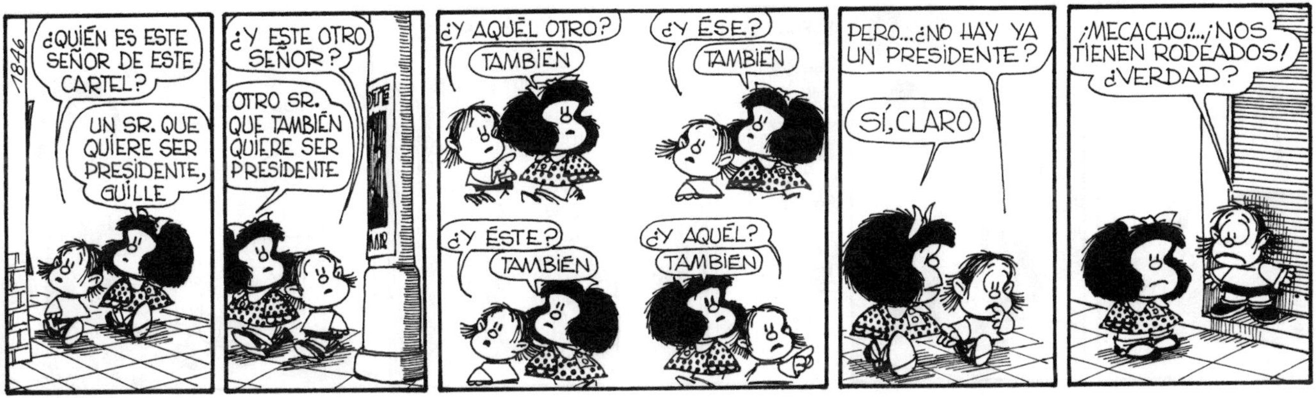
1846
¿QUIÉN ES ESTE SEÑOR DE ESTE CARTEL?
UN SR. QUE QUIERE SER PRESIDENTE, GUILLE
¿Y ESTE OTRO SEÑOR?
OTRO SR. QUE TAMBIÉN QUIERE SER PRESIDENTE
¿Y AQUÉL OTRO?
TAMBIÉN
¿Y ÉSE?
TAMBIÉN
¿Y ÉSTE?
TAMBIÉN
¿Y AQUÉL?
TAMBIÉN
PERO...¿NO HAY YA UN PRESIDENTE?
SÍ, CLARO
¡MECACHO!...¡NOS TIENEN RODEADOS! ¿VERDAD?

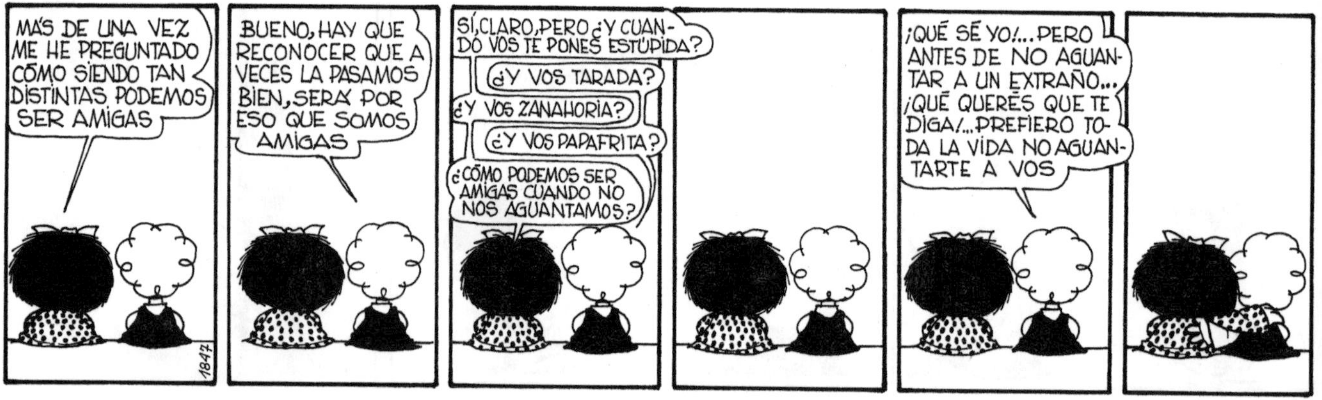
MÁS DE UNA VEZ ME HE PREGUNTADO CÓMO SIENDO TAN DISTINTAS PODEMOS SER AMIGAS
1847
BUENO, HAY QUE RECONOCER QUE A VECES LA PASAMOS BIEN, SERÁ POR ESO QUE SOMOS AMIGAS
SÍ, CLARO, PERO ¿Y CUANDO VOS TE PONÉS ESTÚPIDA?
¿Y VOS TARADA?
¿Y VOS ZANAHORIA?
¿Y VOS PAPAFRITA?
¿CÓMO PODEMOS SER AMIGAS CUANDO NO NOS AGUANTAMOS?
¡QUÉ SÉ YO!... PERO ANTES DE NO AGUANTAR A UN EXTRAÑO... ¡QUÉ QUERÉS QUE TE DIGA!... PREFIERO TODA LA VIDA NO AGUANTARTE A VOS

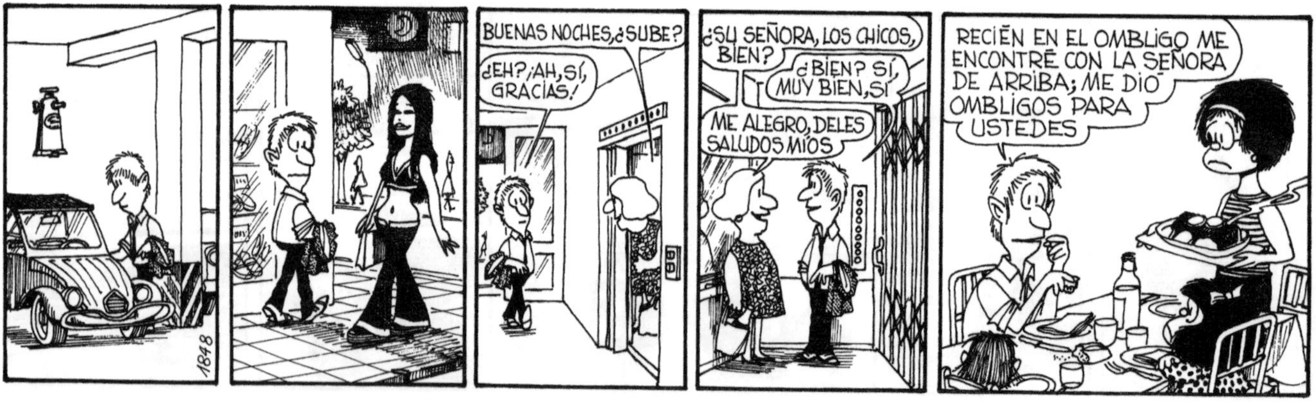
1848
BUENAS NOCHES, ¿SUBE?
¿EH? ¡AH, SÍ, GRACIAS!
¿SU SEÑORA, LOS CHICOS, BIEN?
¿BIEN? SÍ, MUY BIEN, SÍ
ME ALEGRO, DELES SALUDOS MÍOS
RECIÉN EN EL OMBLIGO ME ENCONTRÉ CON LA SEÑORA DE ARRIBA; ME DIO OMBLIGOS PARA USTEDES

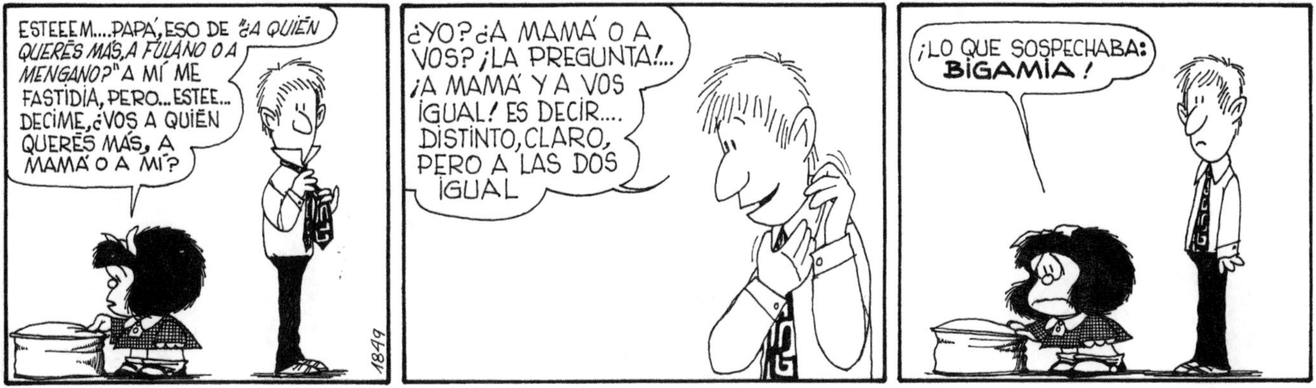
ESTEEEM....PAPÁ, ESO DE "¿A QUIÉN QUERÉS MÁS, A FULANO O A MENGANO?" A MÍ ME FASTIDIA, PERO... ESTEE... DECIME, ¿VOS A QUIÉN QUERÉS MÁS, A MAMÁ O A MÍ?
1849
¿YO? ¿A MAMÁ O A VOS? ¡LA PREGUNTA!... ¡A MAMÁ Y A VOS IGUAL! ES DECIR.... DISTINTO, CLARO, PERO A LAS DOS IGUAL
¡LO QUE SOSPECHABA: BIGAMIA!

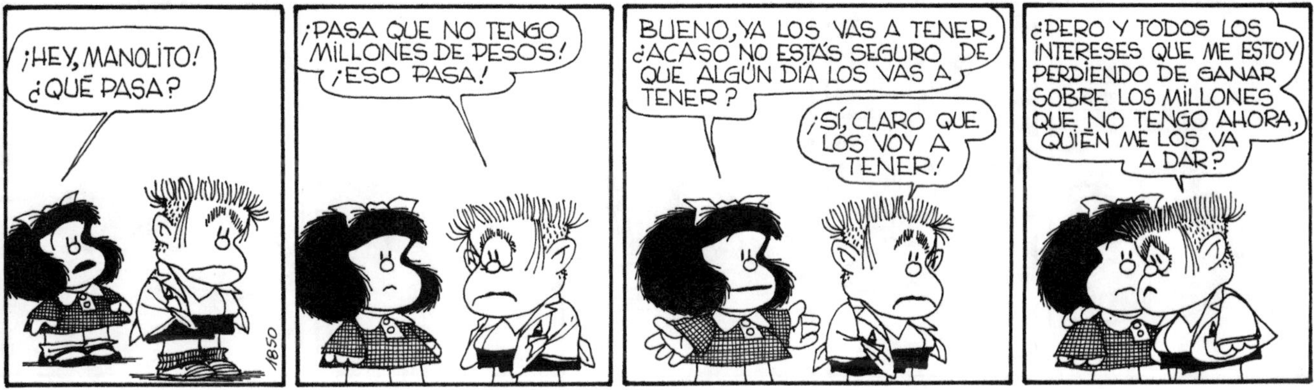
¡HEY, MANOLITO! ¿QUÉ PASA?
1850
¡PASA QUE NO TENGO MILLONES DE PESOS! ¡ESO PASA!
BUENO, YA LOS VAS A TENER, ¿ACASO NO ESTÁS SEGURO DE QUE ALGÚN DÍA LOS VAS A TENER?
¡SÍ, CLARO QUE LOS VOY A TENER!
¿PERO Y TODOS LOS INTERESES QUE ME ESTOY PERDIENDO DE GANAR SOBRE LOS MILLONES QUE NO TENGO AHORA, QUIÉN ME LOS VA A DAR?

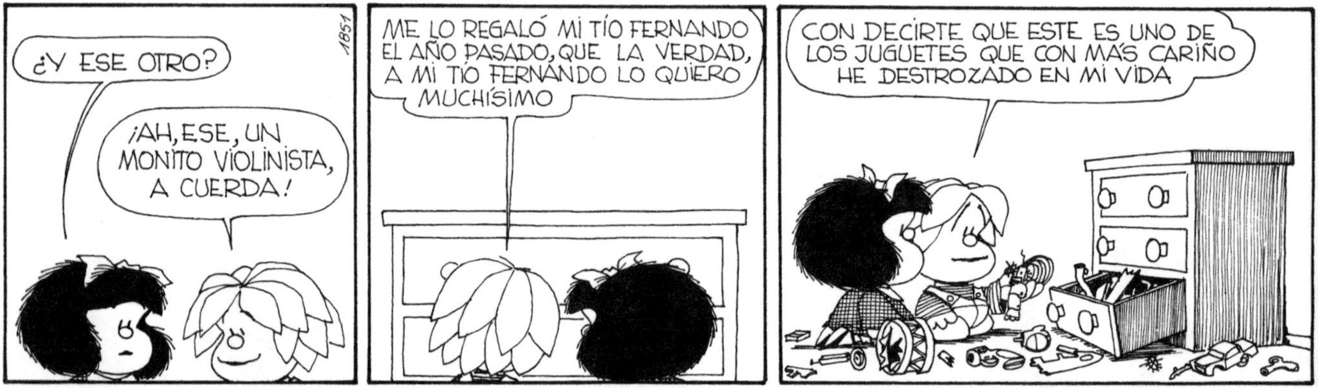
1851
¿Y ESE OTRO?
¡AH, ESE, UN MONITO VIOLINISTA, A CUERDA!
ME LO REGALÓ MI TÍO FERNANDO EL AÑO PASADO, QUE LA VERDAD, A MI TÍO FERNANDO LO QUIERO MUCHÍSIMO
CON DECIRTE QUE ESTE ES UNO DE LOS JUGUETES QUE CON MÁS CARIÑO HE DESTROZADO EN MI VIDA

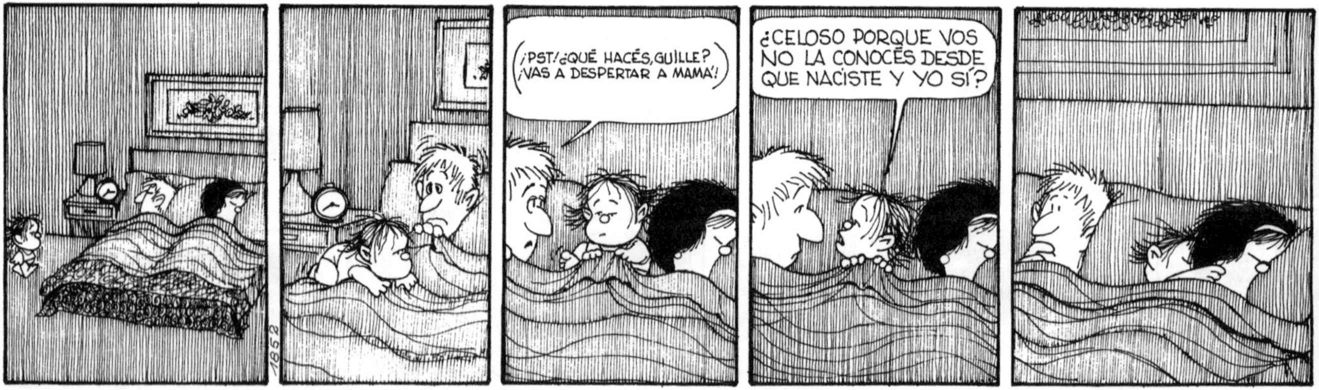
1852
(¡PST! ¿QUÉ HACÉS, GUILLE? ¡VAS A DESPERTAR A MAMÁ!)
¿CELOSO PORQUE VOS NO LA CONOCÉS DESDE QUE NACISTE Y YO SÍ?

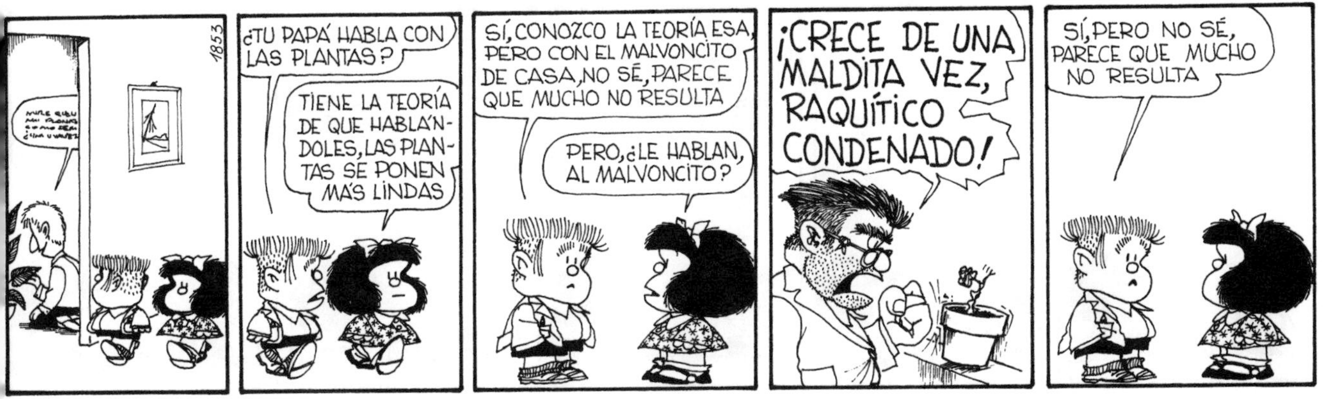
1853
¿TU PAPÁ HABLA CON LAS PLANTAS?
TIENE LA TEORÍA DE QUE HABLÁNDOLES, LAS PLANTAS SE PONEN MÁS LINDAS
SÍ, CONOZCO LA TEORÍA ESA, PERO CON EL MALVONCITO DE CASA, NO SÉ, PARECE QUE MUCHO NO RESULTA
PERO, ¿LE HABLAN, AL MALVONCITO?
¡CRECE DE UNA MALDITA VEZ, RAQUÍTICO CONDENADO!
SÍ, PERO NO SÉ, PARECE QUE MUCHO NO RESULTA

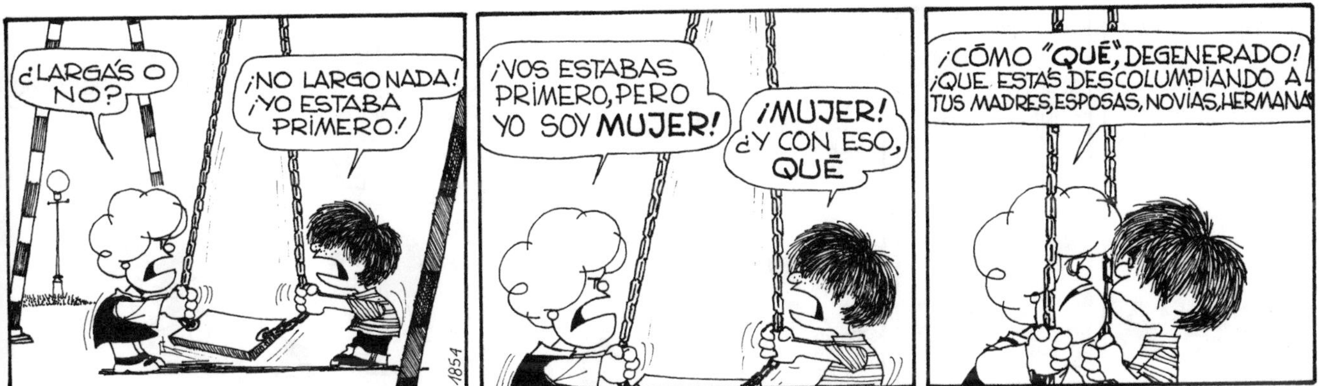
¿LARGÁS O NO?
¡NO LARGO NADA! ¡YO ESTABA PRIMERO!
1854
¡VOS ESTABAS PRIMERO, PERO YO SOY MUJER!
¡MUJER! ¿Y CON ESO, QUÉ
¡CÓMO "QUÉ", DEGENERADO! ¡QUE ESTÁS DESCOLUMPIANDO A TUS MADRES, ESPOSAS, NOVIAS, HERMANAS

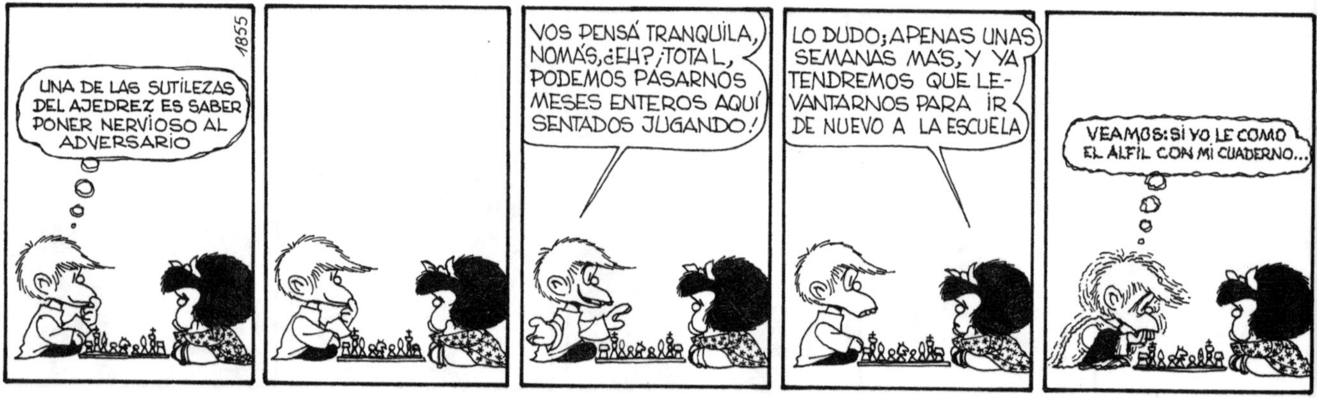
1855
UNA DE LAS SUTILEZAS DEL AJEDREZ ES SABER PONER NERVIOSO AL ADVERSARIO
VOS PENSÁ TRANQUILA, NOMÁS, ¿EH? ¡TOTAL, PODEMOS PASARNOS MESES ENTEROS AQUÍ SENTADOS JUGANDO!
LO DUDO; APENAS UNAS SEMANAS MÁS, Y YA TENDREMOS QUE LEVANTARNOS PARA IR DE NUEVO A LA ESCUELA
VEAMOS: SI YO LE COMO EL ALFIL CON MI CUADERNO...

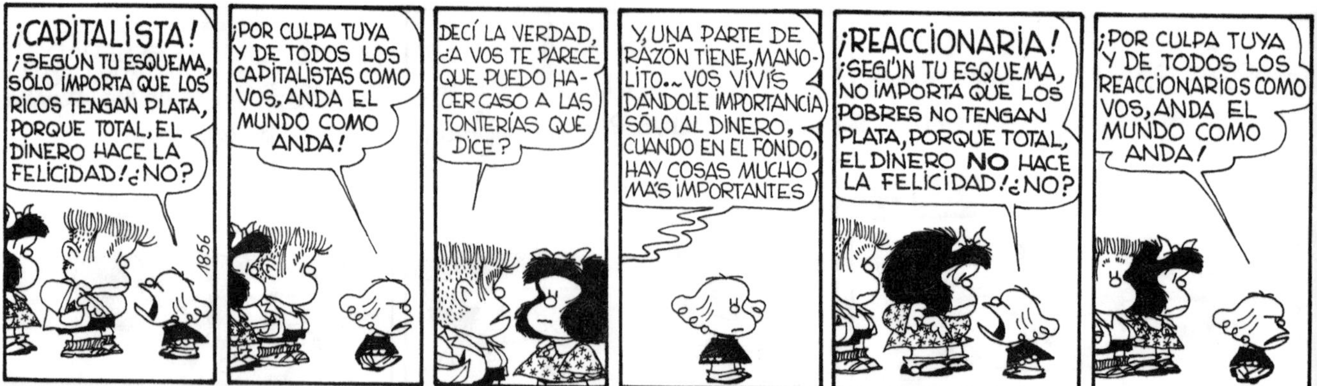
¡CAPITALISTA! ¡SEGÚN TU ESQUEMA, SÓLO IMPORTA QUE LOS RICOS TENGAN PLATA, PORQUE TOTAL, EL DINERO HACE LA FELICIDAD! ¿NO?
1856
¡POR CULPA TUYA Y DE TODOS LOS CAPITALISTAS COMO VOS, ANDA EL MUNDO COMO ANDA!
DECÍ LA VERDAD, ¿A VOS TE PARECE QUE PUEDO HACER CASO A LAS TONTERÍAS QUE DICE?
Y, UNA PARTE DE RAZÓN TIENE, MANOLITO... VOS VIVÍS DÁNDOLE IMPORTANCIA SÓLO AL DINERO, CUANDO EN EL FONDO, HAY COSAS MUCHO MÁS IMPORTANTES
¡REACCIONARIA! ¡SEGÚN TU ESQUEMA, NO IMPORTA QUE LOS POBRES NO TENGAN PLATA, PORQUE TOTAL, EL DINERO NO HACE LA FELICIDAD! ¿NO?
¡POR CULPA TUYA Y DE TODOS LOS REACCIONARIOS COMO VOS, ANDA EL MUNDO COMO ANDA!

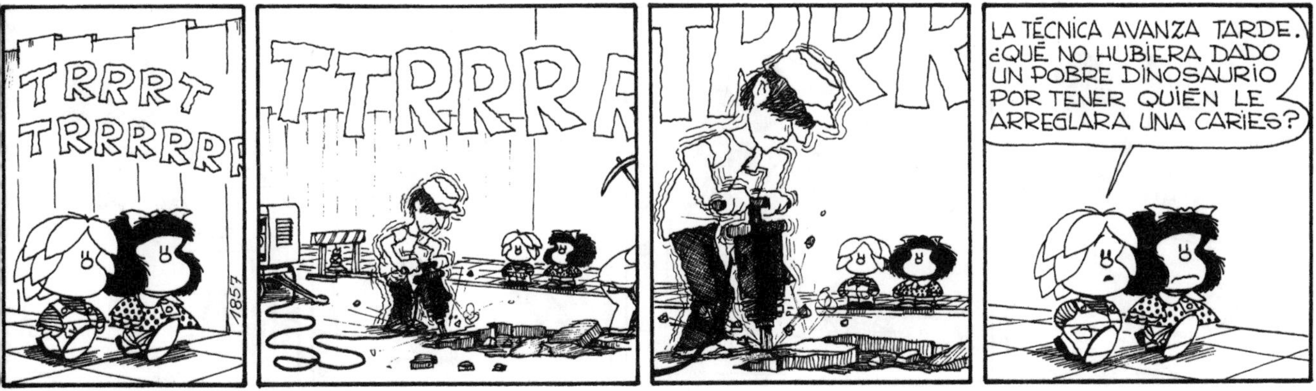
TRRRT
TRRRRRRR
1857
TTRRRRR
LA TÉCNICA AVANZA TARDE. ¿QUÉ NO HUBIERA DADO UN POBRE DINOSAURIO POR TENER QUIÉN LE ARREGLARA UNA CARIES?

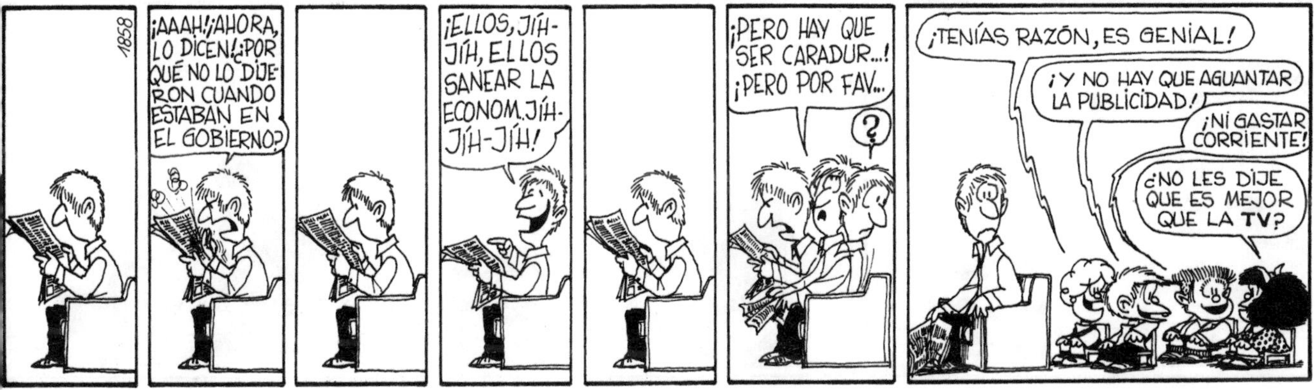
1858
¡AAAH! ¡AHORA, LO DICEN! ¿POR QUÉ NO LO DIJERON CUANDO ESTABAN EN EL GOBIERNO?
¡ELLOS, JÍH-JÍH, ELLOS SANEAR LA ECONOM. JÍH-JÍH-JÍH!
¡PERO HAY QUE SER CARADUR...! ¡PERO POR FAV...
?
¡TENÍAS RAZÓN, ES GENIAL!
¡Y NO HAY QUE AGUANTAR LA PUBLICIDAD!
¡NI GASTAR CORRIENTE!
¿NO LES DIJE QUE ES MEJOR QUE LA TV?

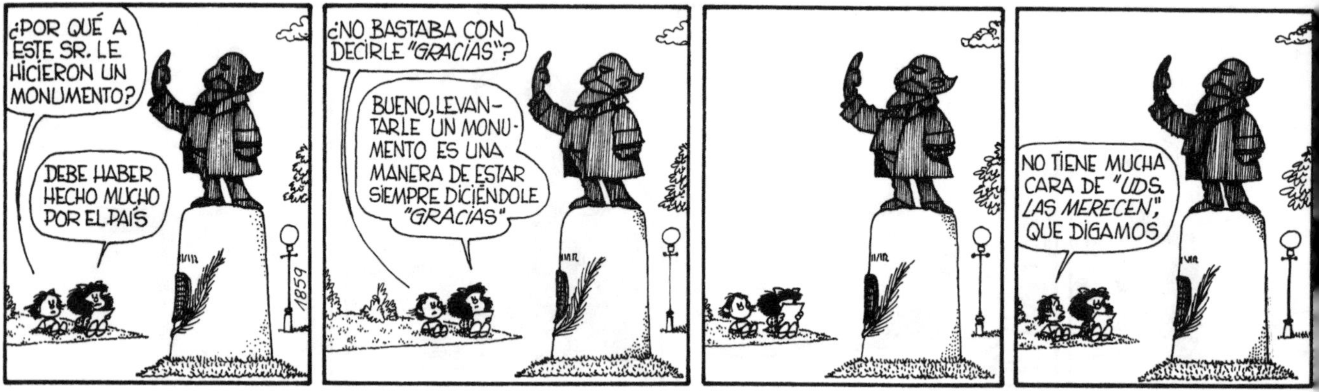
¿POR QUÉ A ESTE SR. LE HICIERON UN MONUMENTO?
DEBE HABER HECHO MUCHO POR EL PAÍS
1859
¿NO BASTABA CON DECIRLE "GRACIAS"?
BUENO, LEVANTARLE UN MONUMENTO ES UNA MANERA DE ESTAR SIEMPRE DICIÉNDOLE "GRACIAS"
NO TIENE MUCHA CARA DE "UDS. LAS MERECEN", QUE DIGAMOS

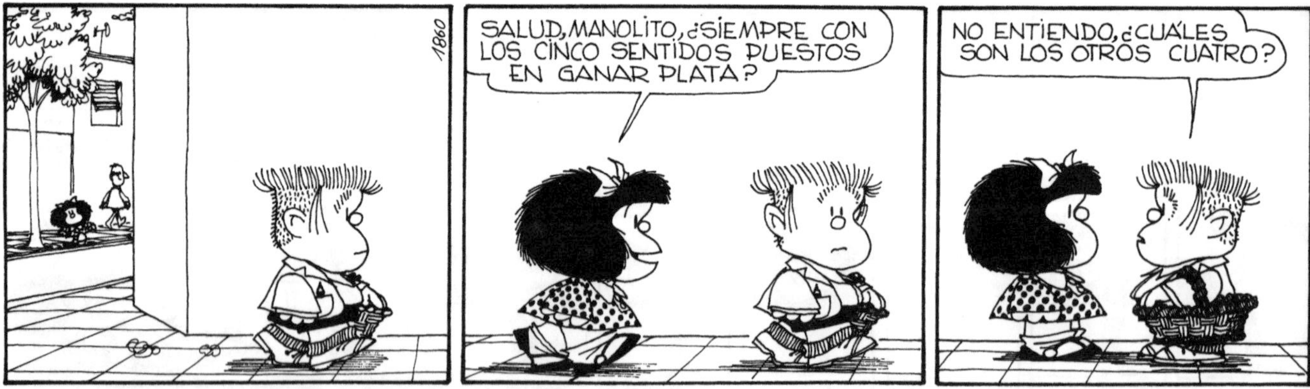
1860
SALUD, MANOLITO, ¿SIEMPRE CON LOS CINCO SENTIDOS PUESTOS EN GANAR PLATA?
NO ENTIENDO, ¿CUÁLES SON LOS OTROS CUATRO?

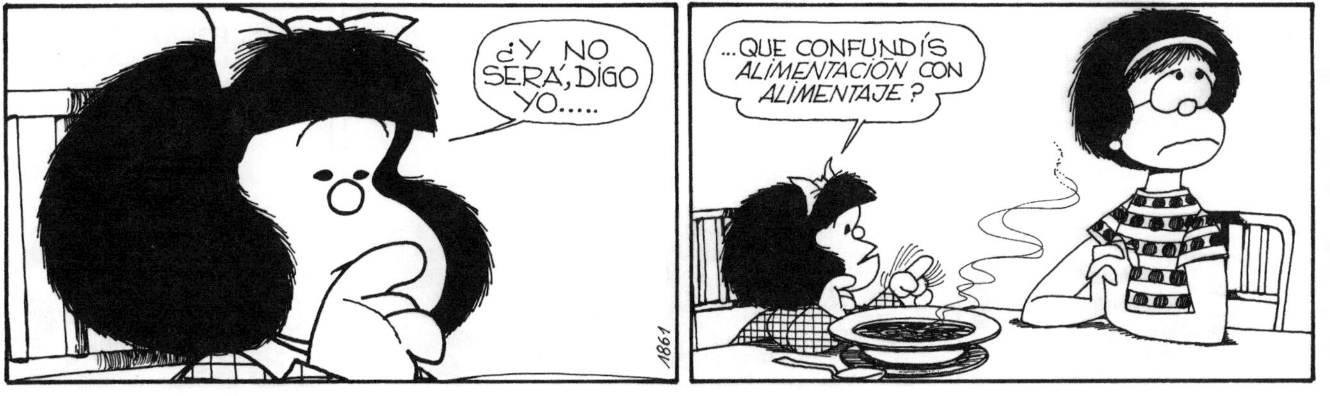
¿Y NO SERÁ, DIGO YO.....
...QUE CONFUNDÍS *ALIMENTACIÓN* CON *ALIMENTAJE*?
1861

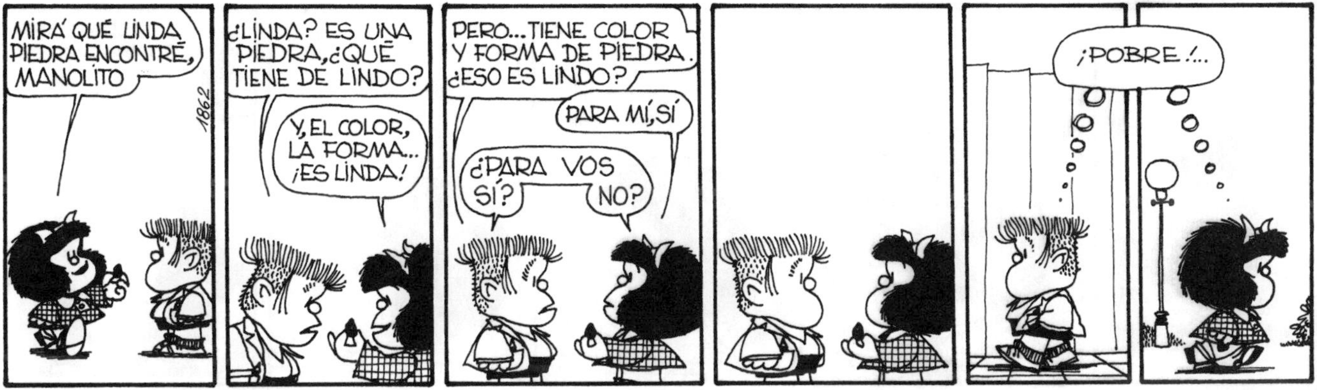
MIRÁ QUÉ LINDA PIEDRA ENCONTRÉ, MANOLITO
1862
¿LINDA? ES UNA PIEDRA, ¿QUÉ TIENE DE LINDO?
Y, EL COLOR, LA FORMA... ¡ES LINDA!
PERO... TIENE COLOR Y FORMA DE PIEDRA. ¿ESO ES LINDO?
PARA MÍ, SÍ
¿PARA VOS SÍ?
NO?
¡POBRE!...

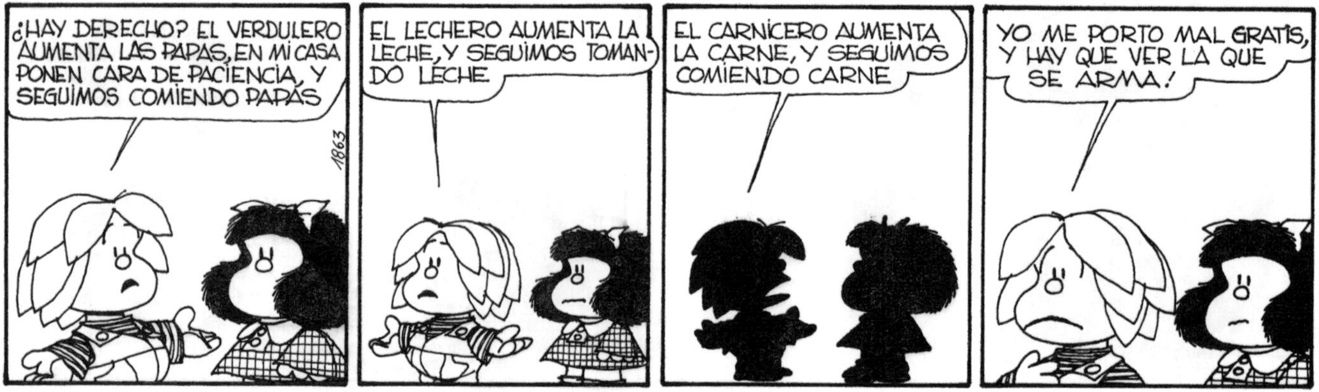
¿HAY DERECHO? EL VERDULERO AUMENTA LAS PAPAS, EN MI CASA PONEN CARA DE PACIENCIA, Y SEGUIMOS COMIENDO PAPAS
1863
EL LECHERO AUMENTA LA LECHE, Y SEGUIMOS TOMAN-DO LECHE
EL CARNICERO AUMENTA LA CARNE, Y SEGUIMOS COMIENDO CARNE
YO ME PORTO MAL GRATIS, Y HAY QUE VER LA QUE SE ARMA!

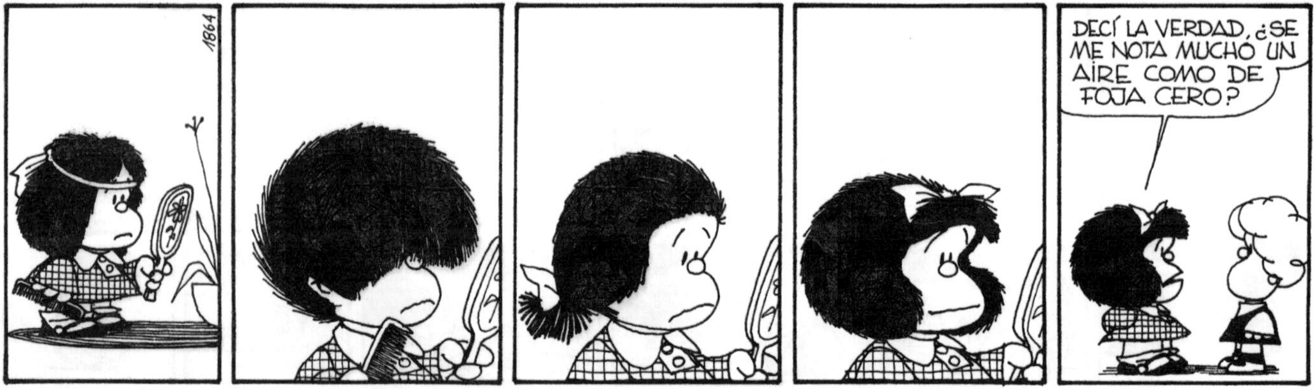
1864
DECÍ LA VERDAD, ¿SE ME NOTA MUCHO UN AIRE COMO DE FOJA CERO?

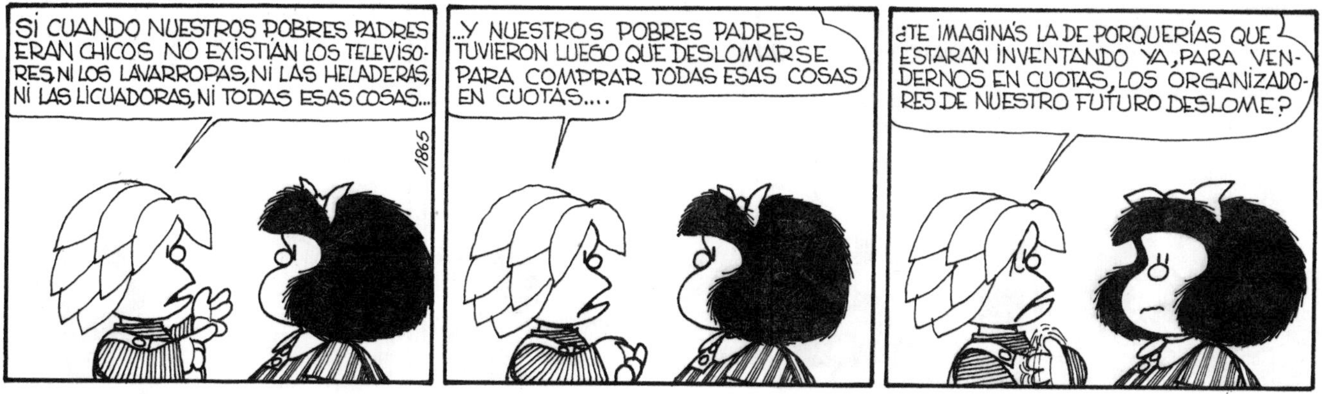
SI CUANDO NUESTROS POBRES PADRES ERAN CHICOS NO EXISTÍAN LOS TELEVISORES, NI LOS LAVARROPAS, NI LAS HELADERAS, NI LAS LICUADORAS, NI TODAS ESAS COSAS...
1865
...Y NUESTROS POBRES PADRES TUVIERON LUEGO QUE DESLOMARSE PARA COMPRAR TODAS ESAS COSAS EN CUOTAS....
¿TE IMAGINÁS LA DE PORQUERÍAS QUE ESTARÁN INVENTANDO YA, PARA VENDERNOS EN CUOTAS, LOS ORGANIZADORES DE NUESTRO FUTURO DESLOME?

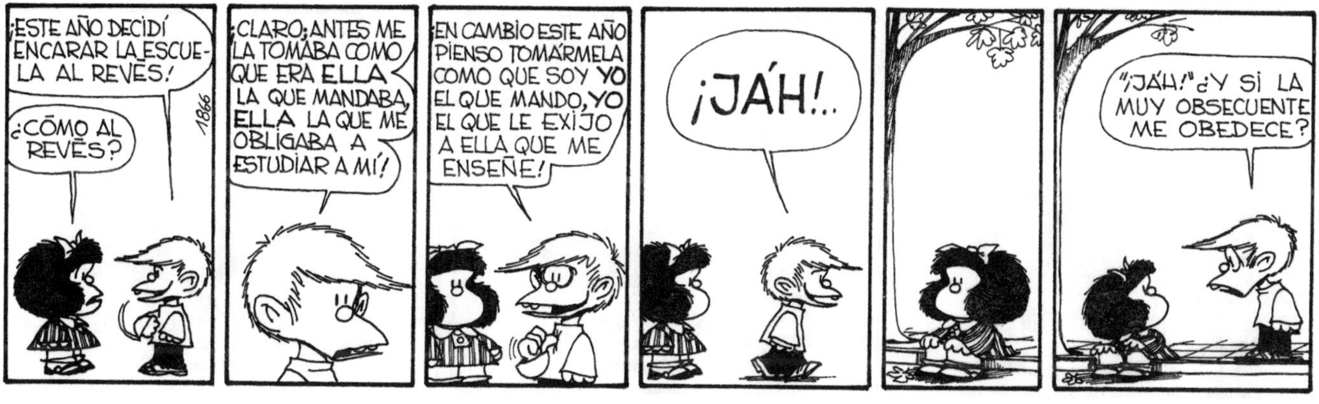
¡ESTE AÑO DECIDÍ ENCARAR LA ESCUELA AL REVÉS!
¿CÓMO AL REVÉS?
1866
¡CLARO; ANTES ME LA TOMABA COMO QUE ERA ELLA LA QUE MANDABA, ELLA LA QUE ME OBLIGABA A ESTUDIAR A MÍ!
¡EN CAMBIO ESTE AÑO PIENSO TOMÁRMELA COMO QUE SOY YO EL QUE MANDO, YO EL QUE LE EXIJO A ELLA QUE ME ENSEÑE!
¡JÁH!..
"¡JÁH!" ¿Y SI LA MUY OBSECUENTE ME OBEDECE?

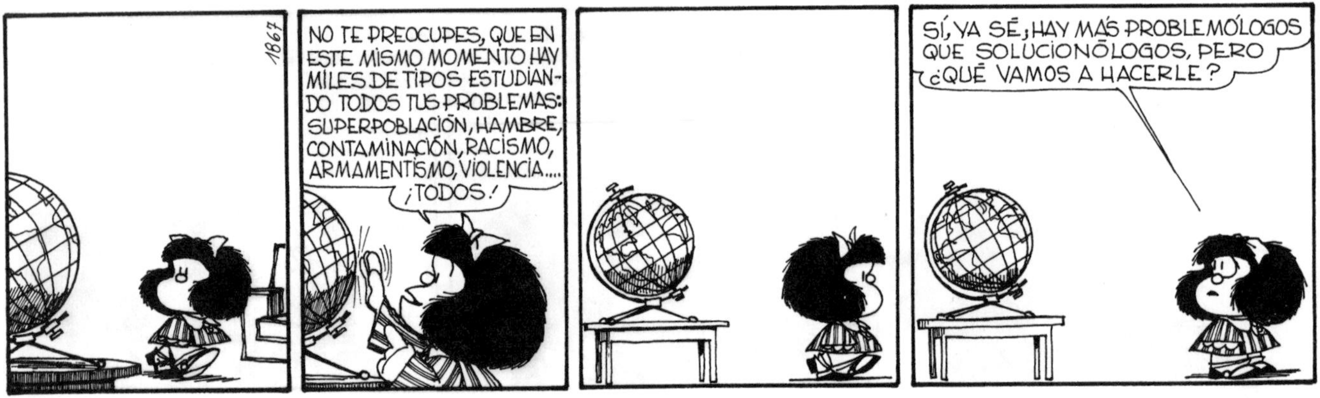
1867
NO TE PREOCUPES, QUE EN ESTE MISMO MOMENTO HAY MILES DE TIPOS ESTUDIANDO TODOS TUS PROBLEMAS: SUPERPOBLACIÓN, HAMBRE, CONTAMINACIÓN, RACISMO, ARMAMENTISMO, VIOLENCIA.... ¡TODOS!
SÍ, YA SÉ; HAY MÁS PROBLEMÓLOGOS QUE SOLUCIONÓLOGOS, PERO ¿QUÉ VAMOS A HACERLE?

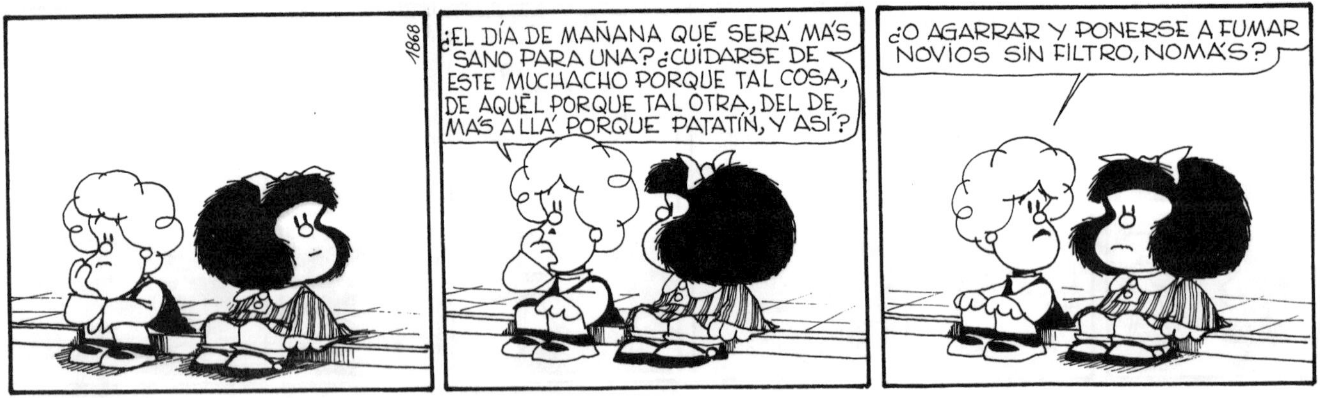
1868
¿EL DÍA DE MAÑANA QUÉ SERÁ MÁS SANO PARA UNA? ¿CUIDARSE DE ESTE MUCHACHO PORQUE TAL COSA, DE AQUÉL PORQUE TAL OTRA, DEL DE MÁS ALLÁ PORQUE PATATÍN, Y ASÍ?
¿O AGARRAR Y PONERSE A FUMAR NOVIOS SIN FILTRO, NOMÁS?

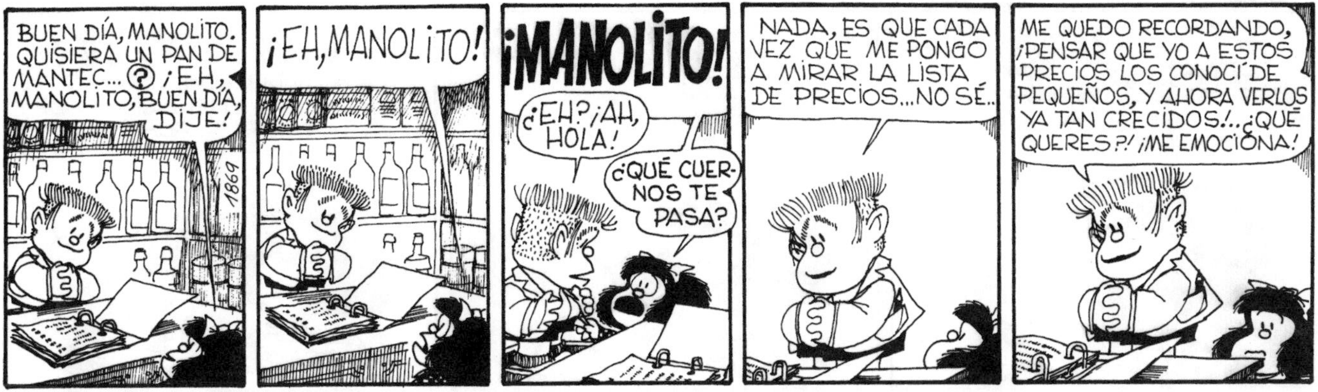
BUEN DÍA, MANOLITO. QUISIERA UN PAN DE MANTEC... ? ¡EH, MANOLITO, BUEN DÍA, DIJE!
1869
¡EH, MANOLITO!
¡MANOLITO!
¿EH? ¡AH, HOLA!
¿QUÉ CUERNOS TE PASA?
NADA, ES QUE CADA VEZ QUE ME PONGO A MIRAR LA LISTA DE PRECIOS... NO SÉ..
ME QUEDO RECORDANDO, ¡PENSAR QUE YO A ESTOS PRECIOS LOS CONOCÍ DE PEQUEÑOS, Y AHORA VERLOS YA TAN CRECIDOS!... ¿QUÉ QUERES?! ¡ME EMOCIONA!

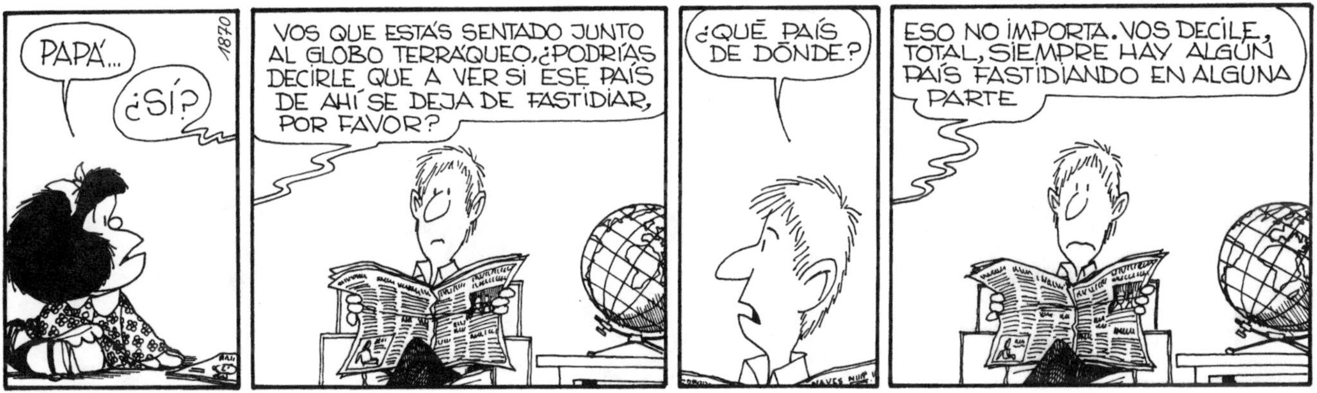
PAPÁ...
¿SÍ?
1870
VOS QUE ESTÁS SENTADO JUNTO AL GLOBO TERRÁQUEO, ¿PODRÍAS DECIRLE QUE A VER SI ESE PAÍS DE AHÍ SE DEJA DE FASTIDIAR, POR FAVOR?
¿QUÉ PAÍS DE DÓNDE?
ESO NO IMPORTA. VOS DECILE, TOTAL, SIEMPRE HAY ALGÚN PAÍS FASTIDIANDO EN ALGUNA PARTE

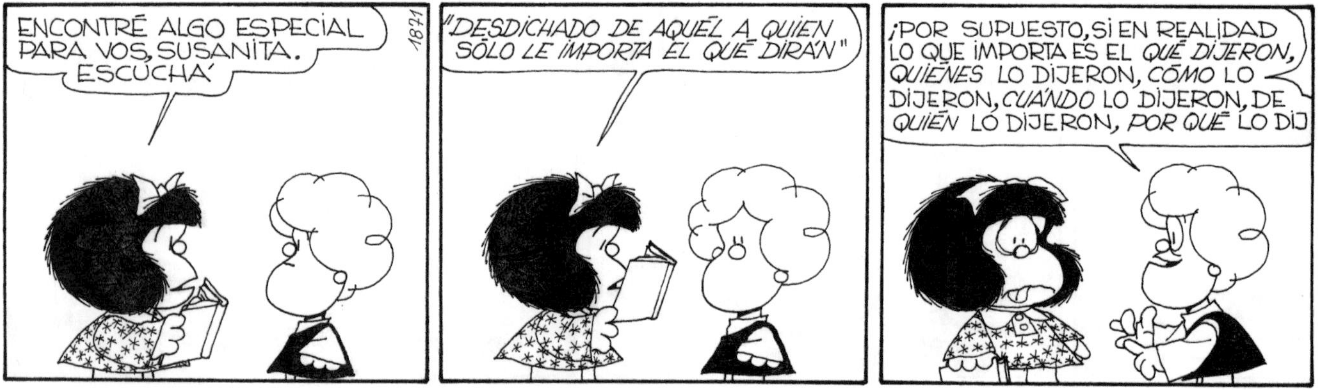
1871
ENCONTRÉ ALGO ESPECIAL PARA VOS, SUSANITA. ESCUCHÁ
"DESDICHADO DE AQUÉL A QUIEN SÓLO LE IMPORTA EL QUÉ DIRÁN"
¡POR SUPUESTO, SI EN REALIDAD LO QUE IMPORTA ES EL *QUÉ DIJERON*, *QUIÉNES* LO DIJERON, *CÓMO* LO DIJERON, *CUÁNDO* LO DIJERON, DE *QUIÉN* LO DIJERON, *POR QUÉ* LO DIJ

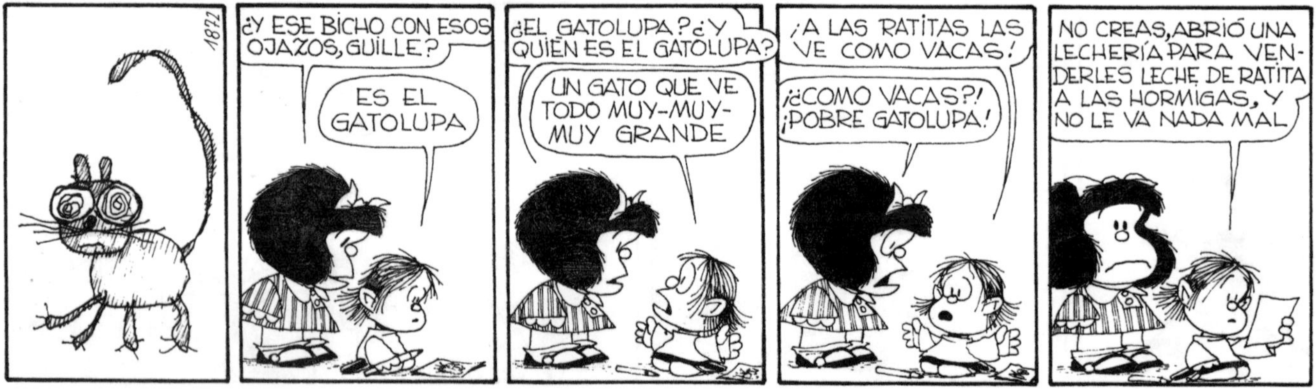
1872
¿Y ESE BICHO CON ESOS OJAZOS, GUILLE?
ES EL GATOLUPA
¿EL GATOLUPA? ¿Y QUIÉN ES EL GATOLUPA?
UN GATO QUE VE TODO MUY-MUY-MUY GRANDE
¡A LAS RATITAS LAS VE COMO VACAS!
¡¿COMO VACAS?! ¡POBRE GATOLUPA!
NO CREAS, ABRIÓ UNA LECHERÍA PARA VENDERLES LECHE DE RATITA A LAS HORMIGAS, Y NO LE VA NADA MAL

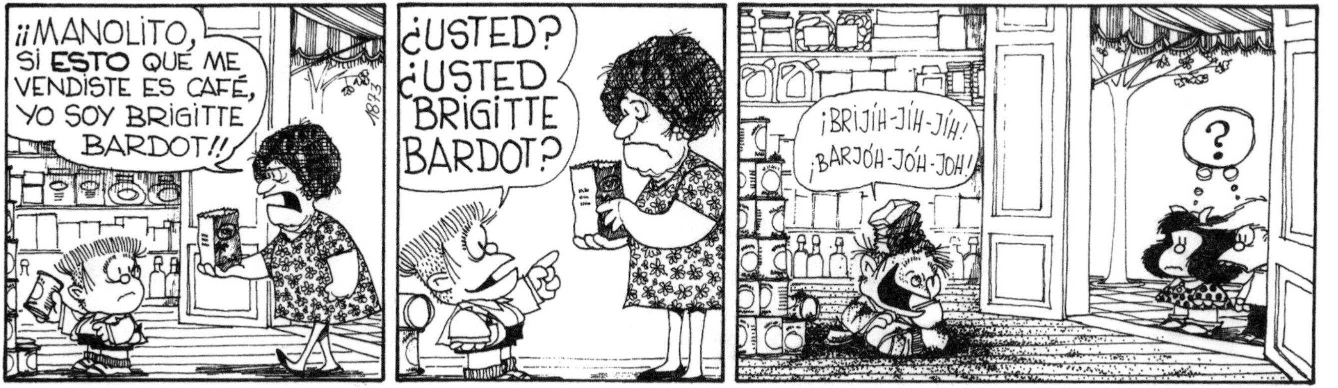
¡¡MANOLITO, SI **ESTO** QUE ME VENDISTE ES CAFÉ, YO SOY BRIGITTE BARDOT!!
1873
¿USTED? ¿USTED BRIGITTE BARDOT?
¡BRIJÍH-JÍH-JÍH! ¡BARJÓH-JÓH-JOH!
?

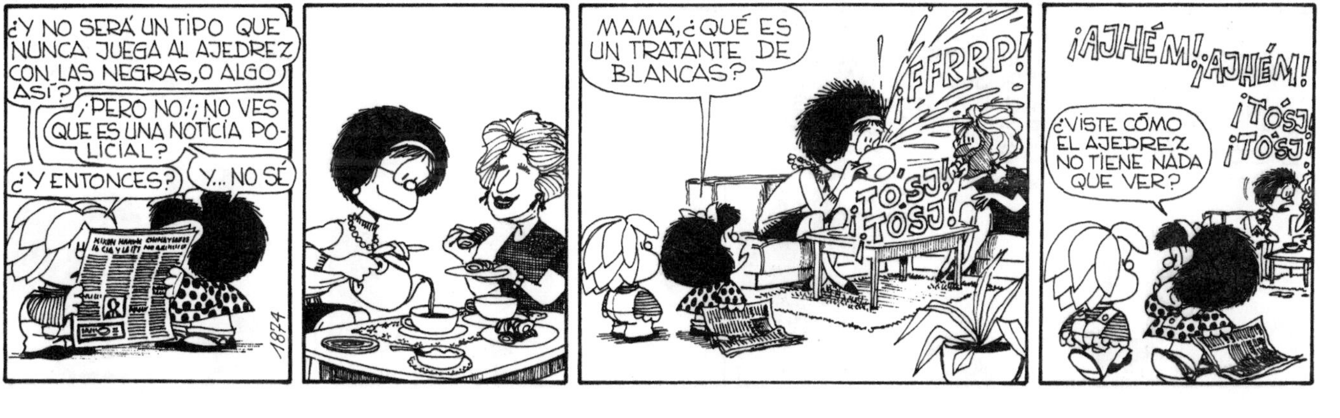
¿Y NO SERÁ UN TIPO QUE NUNCA JUEGA AL AJEDREZ CON LAS NEGRAS, O ALGO ASÍ?
¡PERO NO! ¡NO VES QUE ES UNA NOTICIA POLICIAL?
¿Y ENTONCES?
Y... NO SÉ
1874
MAMÁ, ¿QUÉ ES UN TRATANTE DE BLANCAS?
¡FFRRP!
¡TOSJ! ¡TOSJ!
¡AJHÉM! ¡AJHÉM!
¡TÓSJ! ¡TÓSJ!
¿VISTE CÓMO EL AJEDREZ NO TIENE NADA QUE VER?

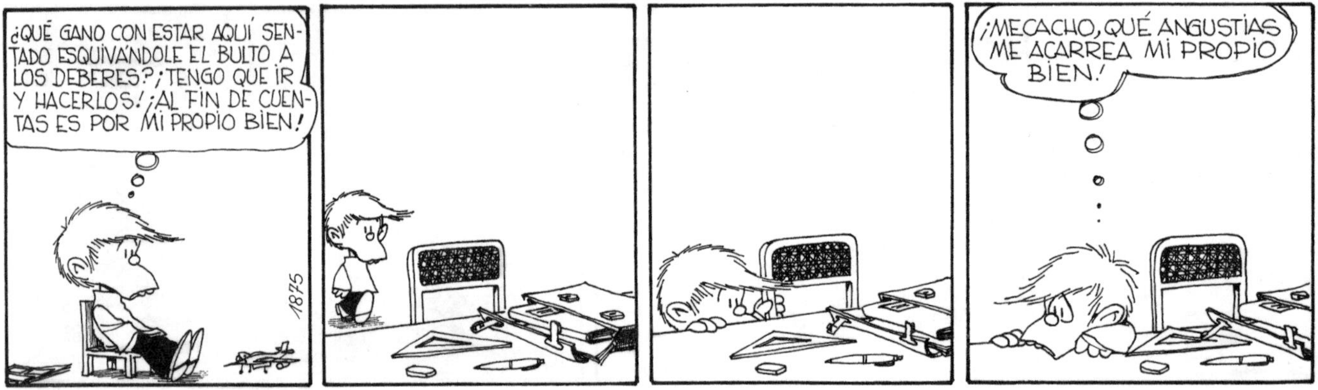
¿QUÉ GANO CON ESTAR AQUÍ SENTADO ESQUIVÁNDOLE EL BULTO A LOS DEBERES? ¡TENGO QUE IR Y HACERLOS! ¡AL FIN DE CUENTAS ES POR MI PROPIO BIEN!
1875
¡MECACHO, QUÉ ANGUSTIAS ME ACARREA MI PROPIO BIEN!

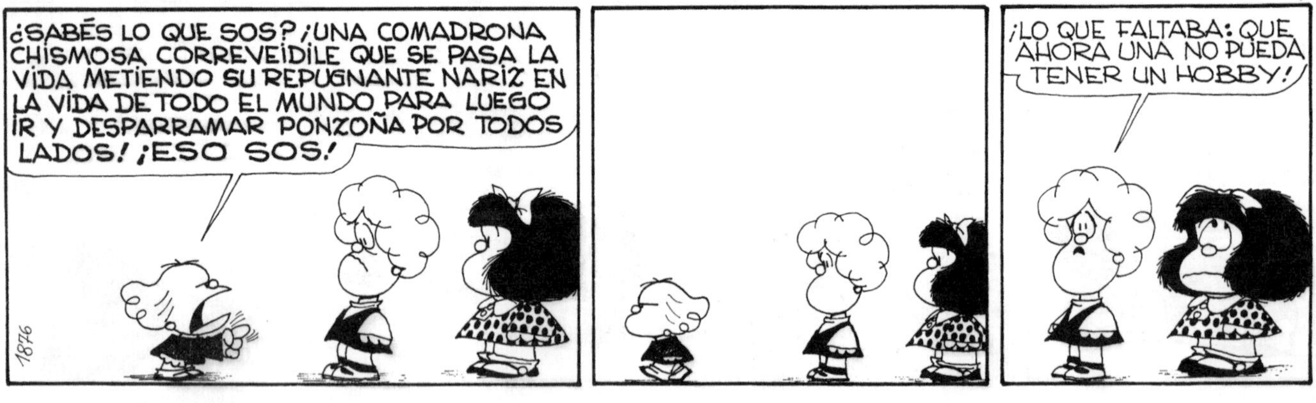
¿SABÉS LO QUE SOS? ¡UNA COMADRONA CHISMOSA CORREVEIDILE QUE SE PASA LA VIDA METIENDO SU REPUGNANTE NARIZ EN LA VIDA DE TODO EL MUNDO PARA LUEGO IR Y DESPARRAMAR PONZOÑA POR TODOS LADOS! ¡ESO SOS!
1876
¡LO QUE FALTABA: QUE AHORA UNA NO PUEDA TENER UN HOBBY!

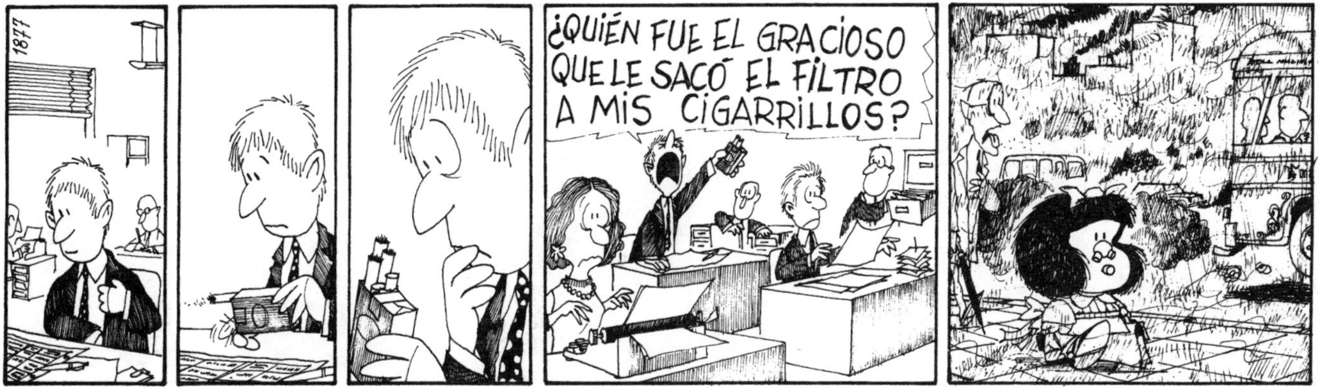
1877
¿QUIÉN FUE EL GRACIOSO QUE LE SACÓ EL FILTRO A MIS CIGARRILLOS?

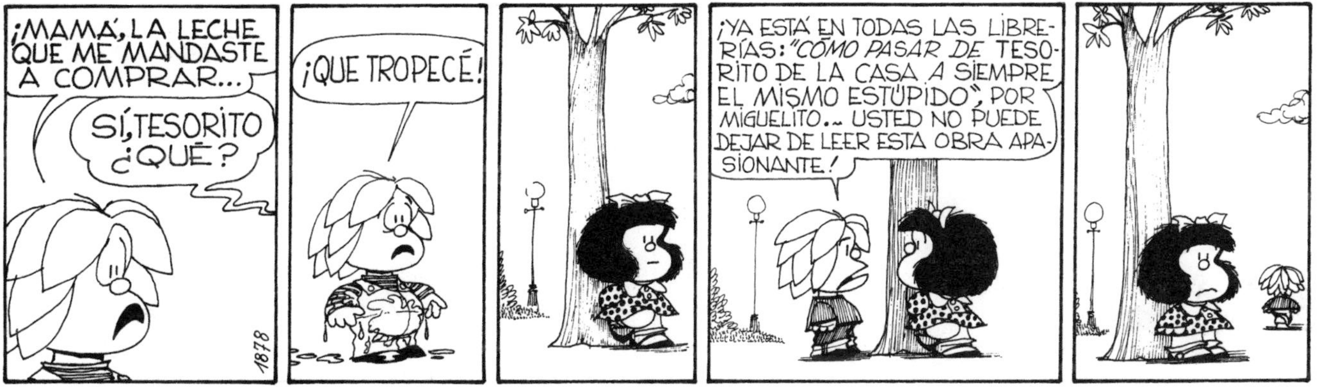
¡MAMÁ, LA LECHE QUE ME MANDASTE A COMPRAR...
SÍ, TESORITO ¿QUÉ?
1878
¡QUE TROPECÉ!
¡YA ESTÁ EN TODAS LAS LIBRERÍAS: "CÓMO PASAR DE TESORITO DE LA CASA A SIEMPRE EL MISMO ESTÚPIDO", POR MIGUELITO... USTED NO PUEDE DEJAR DE LEER ESTA OBRA APASIONANTE!

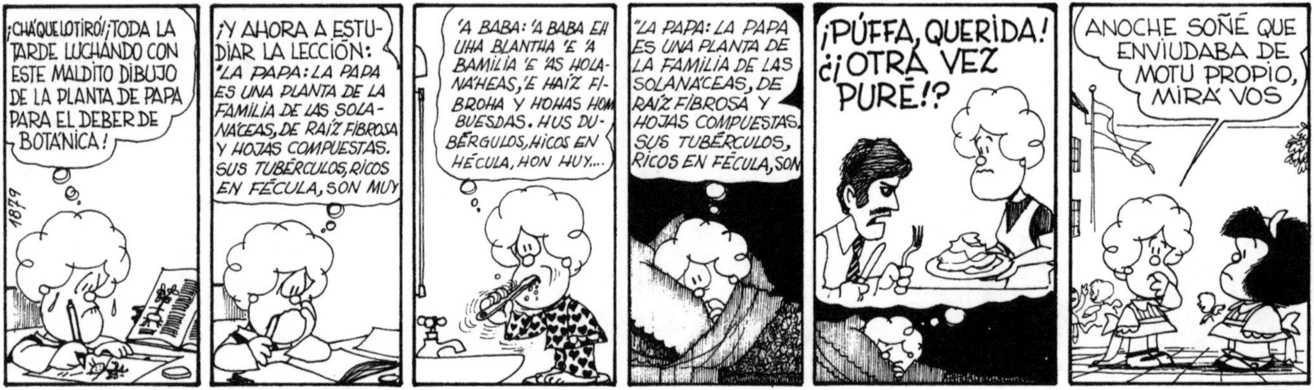
1879
¡CHÁQUELOTIRÓ! ¡TODA LA TARDE LUCHANDO CON ESTE MALDITO DIBUJO DE LA PLANTA DE PAPA PARA EL DEBER DE BOTÁNICA!
¡Y AHORA A ESTUDIAR LA LECCIÓN: "LA PAPA: LA PAPA ES UNA PLANTA DE LA FAMILIA DE LAS SOLANÁCEAS, DE RAÍZ FIBROSA Y HOJAS COMPUESTAS. SUS TUBÉRCULOS, RICOS EN FÉCULA, SON MUY
'A BABA: 'A BABA EH UHA BLANTHA 'E 'A BAMILIA 'E 'AS HOLANÁHEAS, 'E HAÍZ FIBROHA Y HOHAS HOMBUESDAS. HUS DUBÉRGULOS, HICOS EN HÉCULA, HON HUY...
"LA PAPA: LA PAPA ES UNA PLANTA DE LA FAMILIA DE LAS SOLANÁCEAS, DE RAÍZ FIBROSA Y HOJAS COMPUESTAS. SUS TUBÉRCULOS, RICOS EN FÉCULA, SON
¡PÚFFA, QUERIDA! ¿¡OTRA VEZ PURÉ!?
ANOCHE SOÑÉ QUE ENVIUDABA DE MOTU PROPIO, MIRÁ VOS

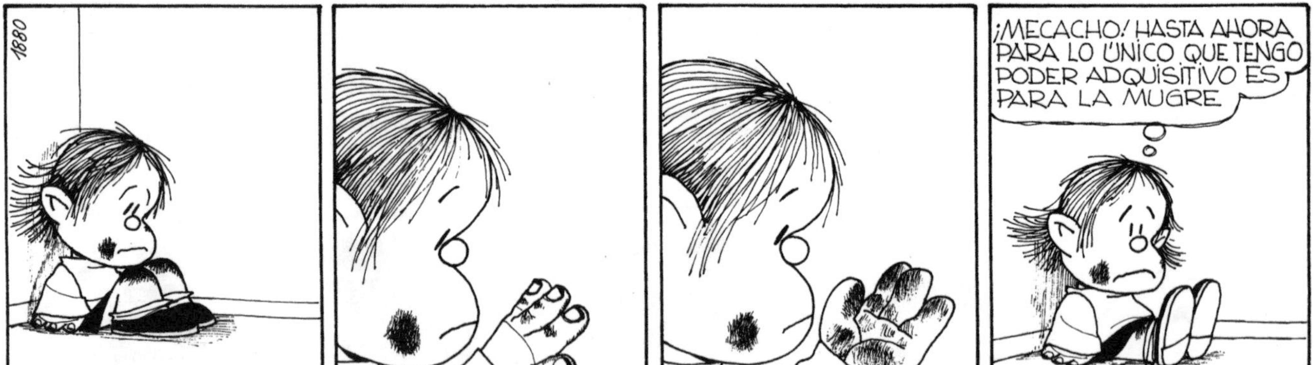
1880
¡MECACHO! HASTA AHORA PARA LO ÚNICO QUE TENGO PODER ADQUISITIVO ES PARA LA MUGRE

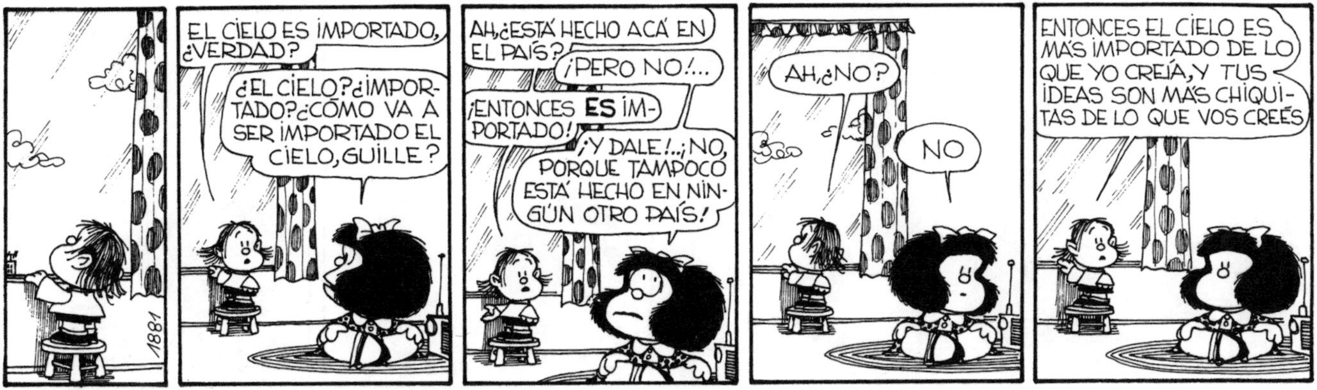
1881
EL CIELO ES IMPORTADO, ¿VERDAD?
¿EL CIELO? ¿IMPORTADO? ¿CÓMO VA A SER IMPORTADO EL CIELO, GUILLE?
AH, ¿ESTÁ HECHO ACÁ EN EL PAÍS?
¡PERO NO!...
¡ENTONCES **ES** IMPORTADO!
¡Y DALE!..¡NO, PORQUE TAMPOCO ESTÁ HECHO EN NINGÚN OTRO PAÍS!
AH, ¿NO?
NO
ENTONCES EL CIELO ES MÁS IMPORTADO DE LO QUE YO CREÍA, Y TUS IDEAS SON MÁS CHIQUITAS DE LO QUE VOS CREÉS

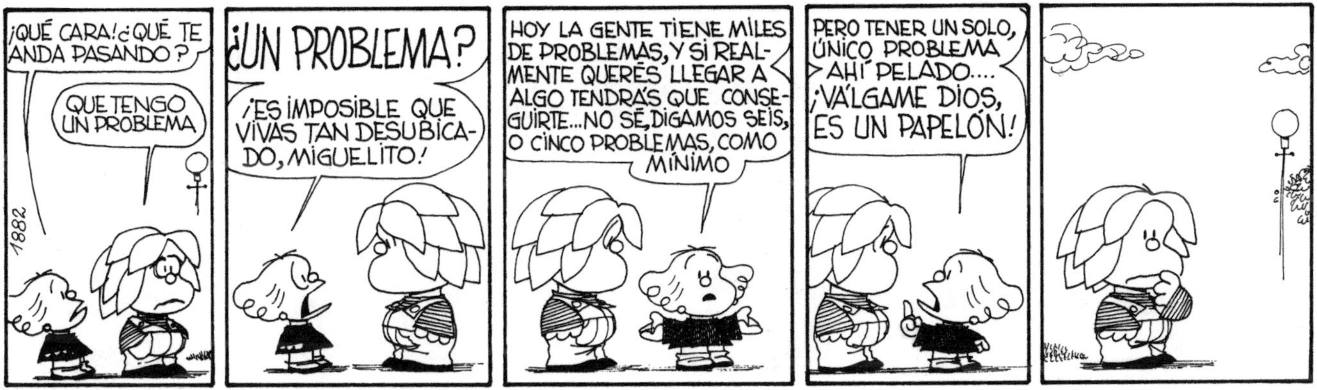
1882
¡QUÉ CARA! ¿QUÉ TE ANDA PASANDO?
QUE TENGO UN PROBLEMA
¿UN PROBLEMA?
¡ES IMPOSIBLE QUE VIVAS TAN DESUBICADO, MIGUELITO!
HOY LA GENTE TIENE MILES DE PROBLEMAS, Y SI REALMENTE QUERÉS LLEGAR A ALGO TENDRÁS QUE CONSEGUIRTE... NO SÉ, DIGAMOS SEIS, O CINCO PROBLEMAS, COMO MÍNIMO
PERO TENER UN SOLO, ÚNICO PROBLEMA AHÍ PELADO.... ¡VÁLGAME DIOS, ES UN PAPELÓN!

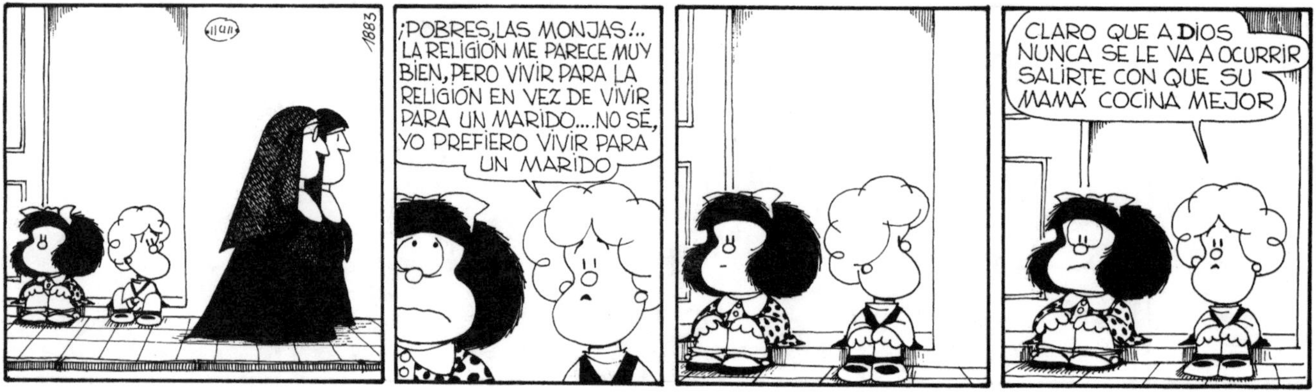
1883
¡POBRES, LAS MONJAS!.. LA RELIGIÓN ME PARECE MUY BIEN, PERO VIVIR PARA LA RELIGIÓN EN VEZ DE VIVIR PARA UN MARIDO....NO SÉ, YO PREFIERO VIVIR PARA UN MARIDO
CLARO QUE A DIOS NUNCA SE LE VA A OCURRIR SALIRTE CON QUE SU MAMÁ COCINA MEJOR

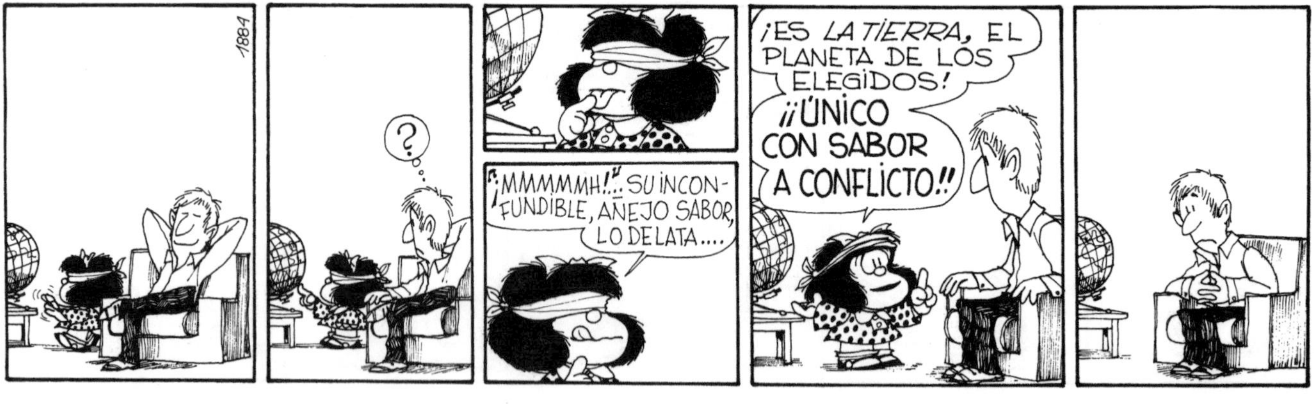
1884
?
¡MMMMMH!... SU INCONFUNDIBLE, AÑEJO SABOR, LO DELATA....
¡ES LA TIERRA, EL PLANETA DE LOS ELEGIDOS!
¡¡ÚNICO CON SABOR A CONFLICTO!!

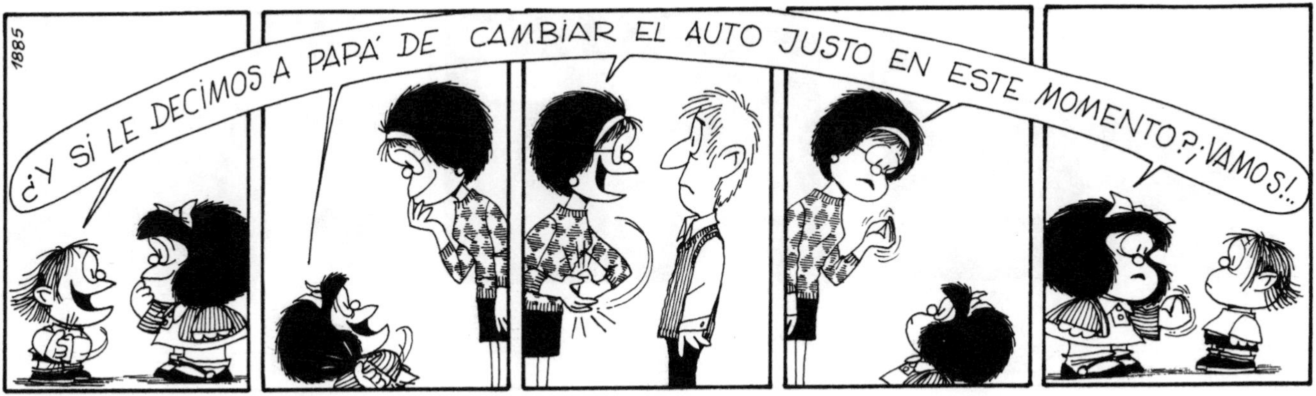
1885
¿Y SI LE DECIMOS A PAPÁ DE CAMBIAR EL AUTO JUSTO EN ESTE MOMENTO?¡VAMOS!..

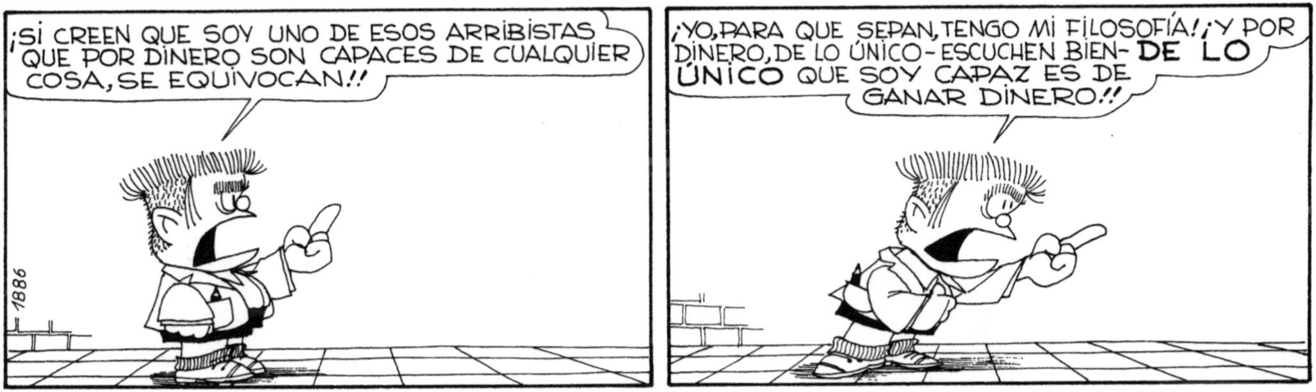
1886
¡SI CREEN QUE SOY UNO DE ESOS ARRIBISTAS QUE POR DINERO SON CAPACES DE CUALQUIER COSA, SE EQUIVOCAN!!
¡YO, PARA QUE SEPAN, TENGO MI FILOSOFÍA! ¡Y POR DINERO, DE LO ÚNICO - ESCUCHEN BIEN - DE LO ÚNICO QUE SOY CAPAZ ES DE GANAR DINERO!!

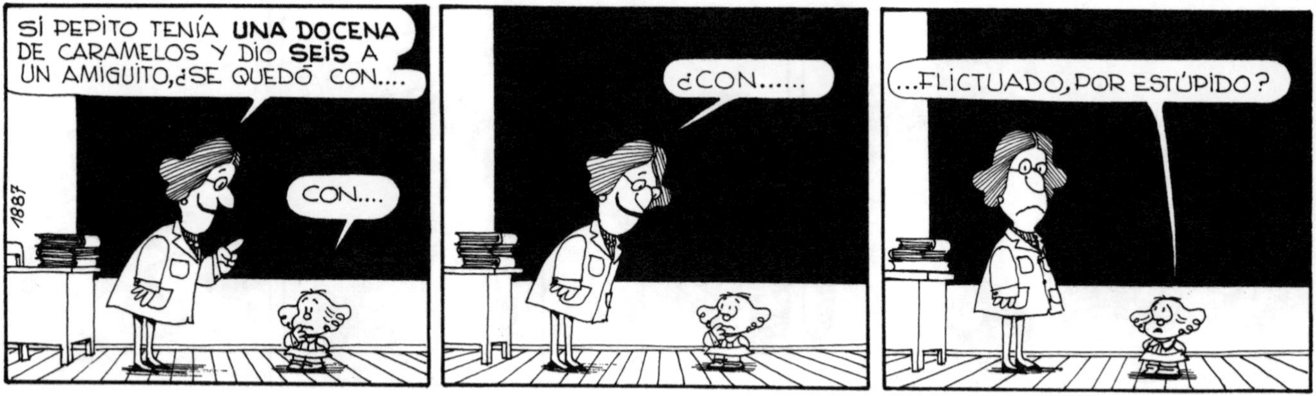
1887
SÍ PEPITO TENÍA **UNA DOCENA** DE CARAMELOS Y DIO **SEIS** A UN AMIGUITO,¿SE QUEDÓ CON....
CON....
¿CON......
...FLICTUADO, POR ESTÚPIDO?

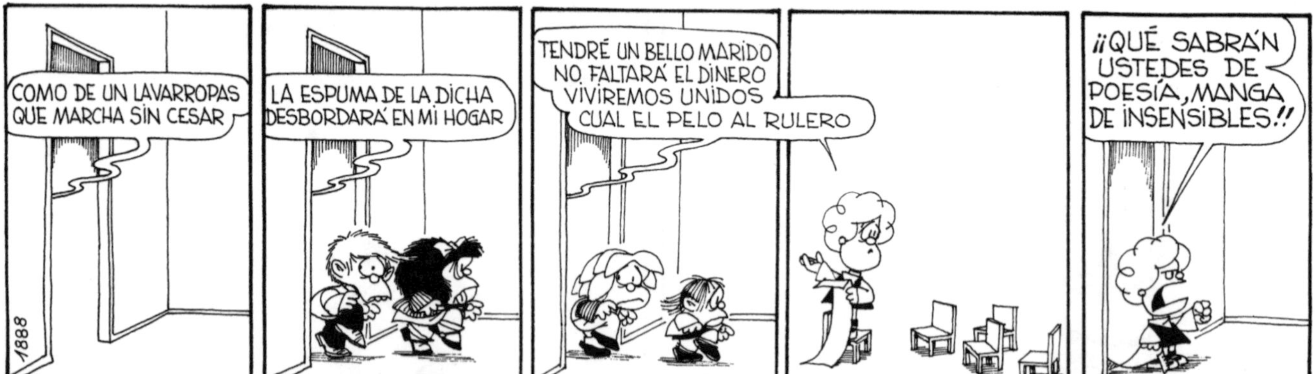
1888
COMO DE UN LAVARROPAS QUE MARCHA SIN CESAR
LA ESPUMA DE LA DICHA DESBORDARÁ EN MI HOGAR
TENDRÉ UN BELLO MARIDO NO FALTARÁ EL DINERO VIVIREMOS UNIDOS CUAL EL PELO AL RULERO
¡¡QUÉ SABRÁN USTEDES DE POESÍA, MANGA DE INSENSIBLES!!

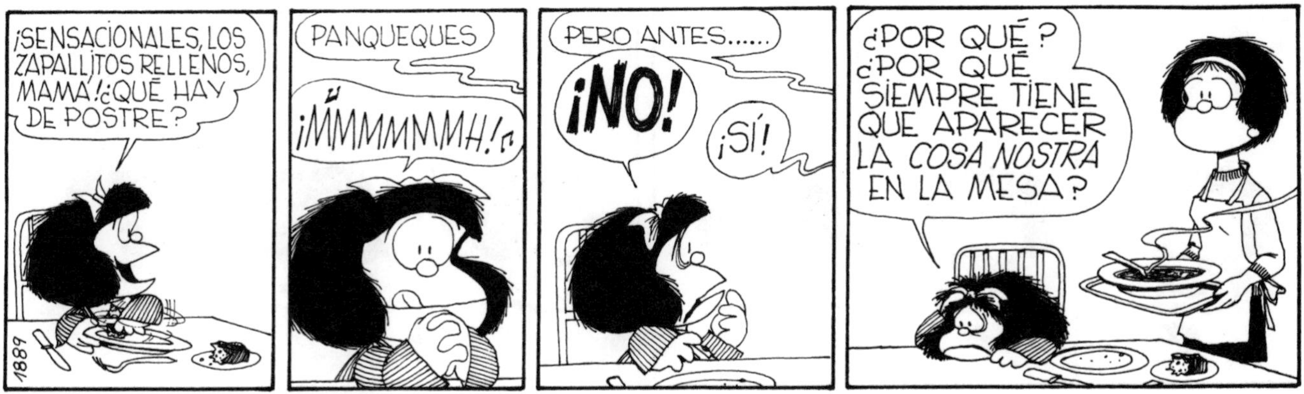
¡SENSACIONALES, LOS ZAPALLITOS RELLENOS, MAMÁ! ¿QUÉ HAY DE POSTRE?
1889
PANQUEQUES
¡MMMMMMMH!
PERO ANTES......
¡NO!
¡SÍ!
¿POR QUÉ? ¿POR QUÉ SIEMPRE TIENE QUE APARECER LA *COSA NOSTRA* EN LA MESA?

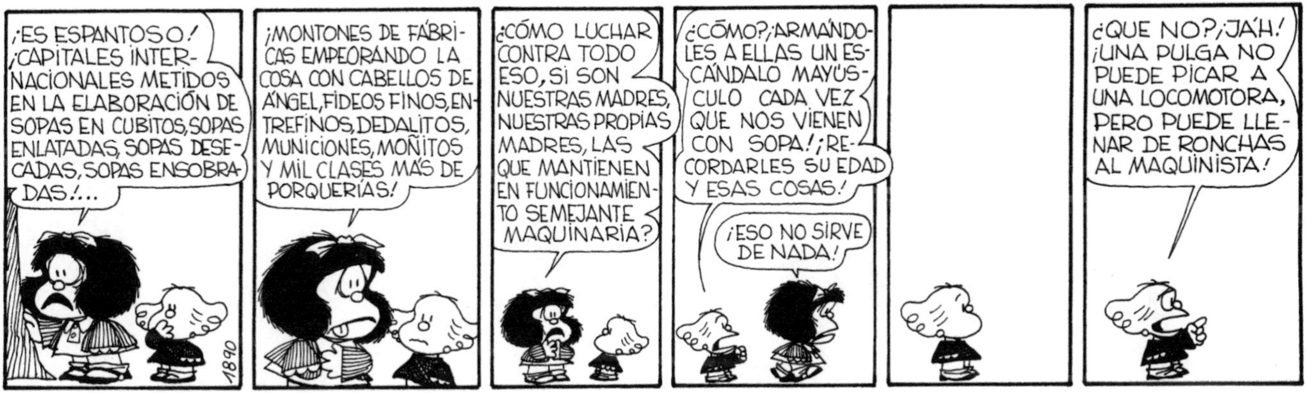
¡ES ESPANTOSO! ¡CAPITALES INTERNACIONALES METIDOS EN LA ELABORACIÓN DE SOPAS EN CUBITOS, SOPAS ENLATADAS, SOPAS DESECADAS, SOPAS ENSOBRADAS!...
1890
¡MONTONES DE FÁBRICAS EMPEORANDO LA COSA CON CABELLOS DE ÁNGEL, FIDEOS FINOS, ENTREFINOS, DEDALITOS, MUNICIONES, MOÑITOS Y MIL CLASES MÁS DE PORQUERÍAS!
¿CÓMO LUCHAR CONTRA TODO ESO, SI SON NUESTRAS MADRES, NUESTRAS PROPIAS MADRES, LAS QUE MANTIENEN EN FUNCIONAMIENTO SEMEJANTE MAQUINARIA?
¿CÓMO? ¡ARMÁNDOLES A ELLAS UN ESCÁNDALO MAYÚSCULO CADA VEZ QUE NOS VIENEN CON SOPA! ¡RECORDARLES SU EDAD Y ESAS COSAS!
¡ESO NO SIRVE DE NADA!
¿QUE NO? ¡JÁH! ¡UNA PULGA NO PUEDE PICAR A UNA LOCOMOTORA, PERO PUEDE LLENAR DE RONCHAS AL MAQUINISTA!

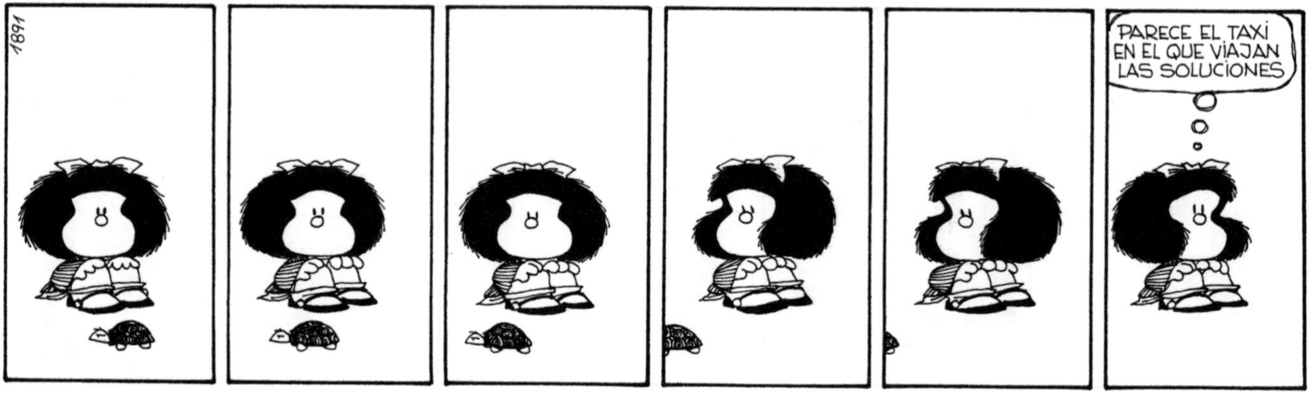
1891
PARECE EL TAXI EN EL QUE VIAJAN LAS SOLUCIONES

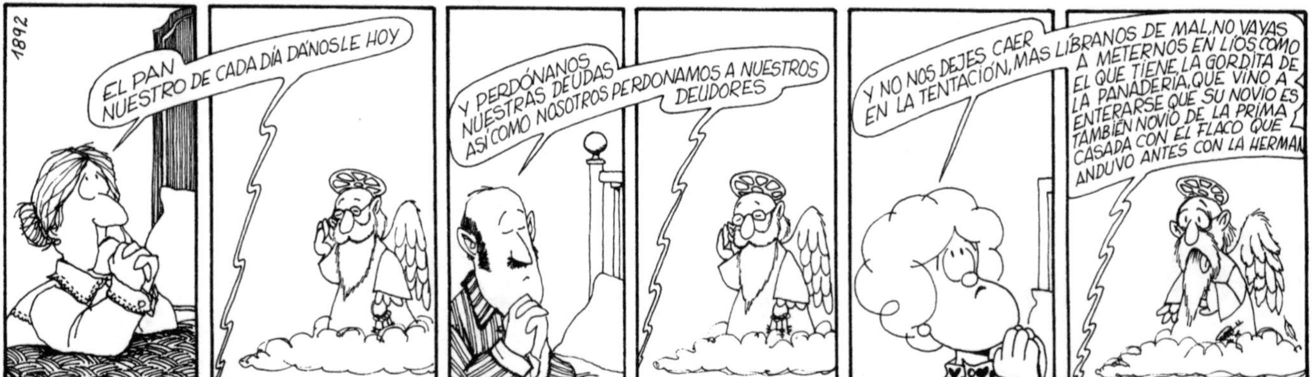
1892
EL PAN NUESTRO DE CADA DÍA DÁNOSLE HOY
Y PERDÓNANOS NUESTRAS DEUDAS ASÍ COMO NOSOTROS PERDONAMOS A NUESTROS DEUDORES
Y NO NOS DEJES CAER EN LA TENTACIÓN, MAS LÍBRANOS DE MAL, NO VAYAS A METERNOS EN LÍOS COMO EL QUE TIENE LA GORDITA DE LA PANADERÍA, QUE VINO A ENTERARSE QUE SU NOVIO ES TAMBIÉN NOVIO DE LA PRIMA CASADA CON EL FLACO QUE ANDUVO ANTES CON LA HERMAN

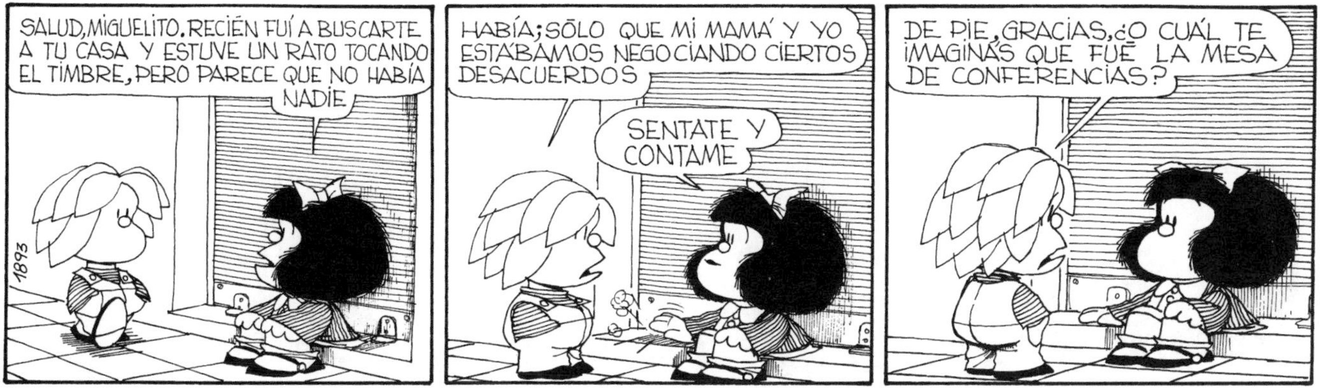
1893
SALUD, MIGUELITO. RECIÉN FUÍ A BUSCARTE A TU CASA Y ESTUVE UN RATO TOCANDO EL TIMBRE, PERO PARECE QUE NO HABÍA NADIE
HABÍA; SÓLO QUE MI MAMÁ Y YO ESTÁBAMOS NEGOCIANDO CIERTOS DESACUERDOS
SENTATE Y CONTAME
DE PIE, GRACIAS, ¿O CUÁL TE IMAGINÁS QUE FUÉ LA MESA DE CONFERENCIAS?

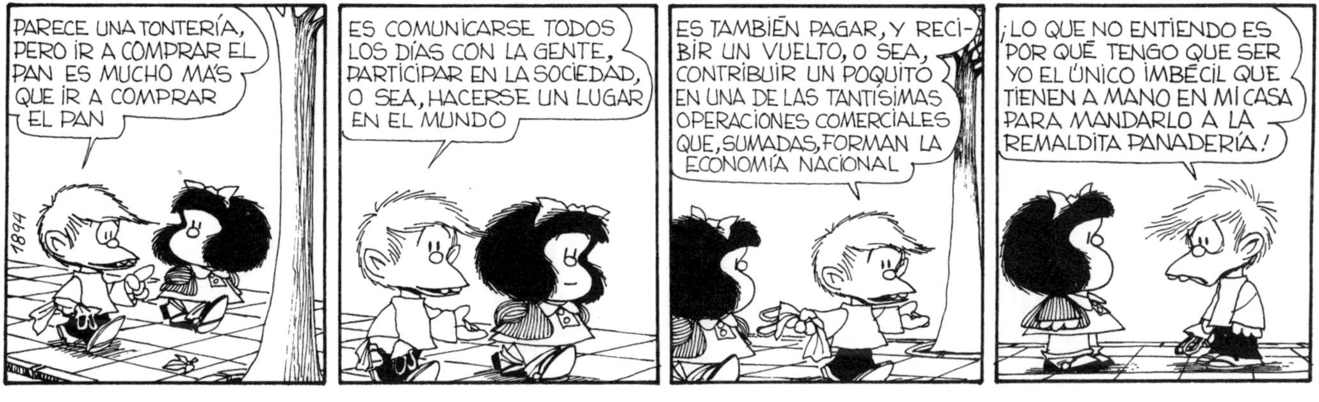
1894
PARECE UNA TONTERÍA, PERO IR A COMPRAR EL PAN ES MUCHO MÁS QUE IR A COMPRAR EL PAN
ES COMUNICARSE TODOS LOS DÍAS CON LA GENTE, PARTICIPAR EN LA SOCIEDAD, O SEA, HACERSE UN LUGAR EN EL MUNDO
ES TAMBIÉN PAGAR, Y RECIBIR UN VUELTO, O SEA, CONTRIBUIR UN POQUITO EN UNA DE LAS TANTÍSIMAS OPERACIONES COMERCIALES QUE, SUMADAS, FORMAN LA ECONOMÍA NACIONAL
¡LO QUE NO ENTIENDO ES POR QUÉ TENGO QUE SER YO EL ÚNICO IMBÉCIL QUE TIENEN A MANO EN MI CASA PARA MANDARLO A LA REMALDITA PANADERÍA!

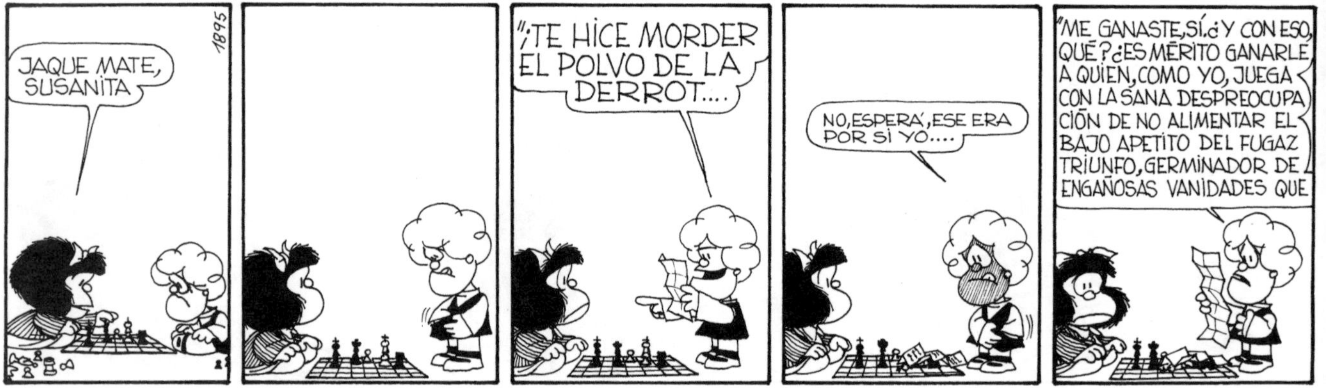
1895
JAQUE MATE, SUSANITA
"¡TE HICE MORDER EL POLVO DE LA DERROT....
NO, ESPERÁ, ESE ERA POR SÍ YO....
"ME GANASTE, SÍ. ¿Y CON ESO, QUÉ? ¿ES MÉRITO GANARLE A QUIEN, COMO YO, JUEGA CON LA SANA DESPREOCUPACIÓN DE NO ALIMENTAR EL BAJO APETITO DEL FUGAZ TRIUNFO, GERMINADOR DE ENGAÑOSAS VANIDADES QUE

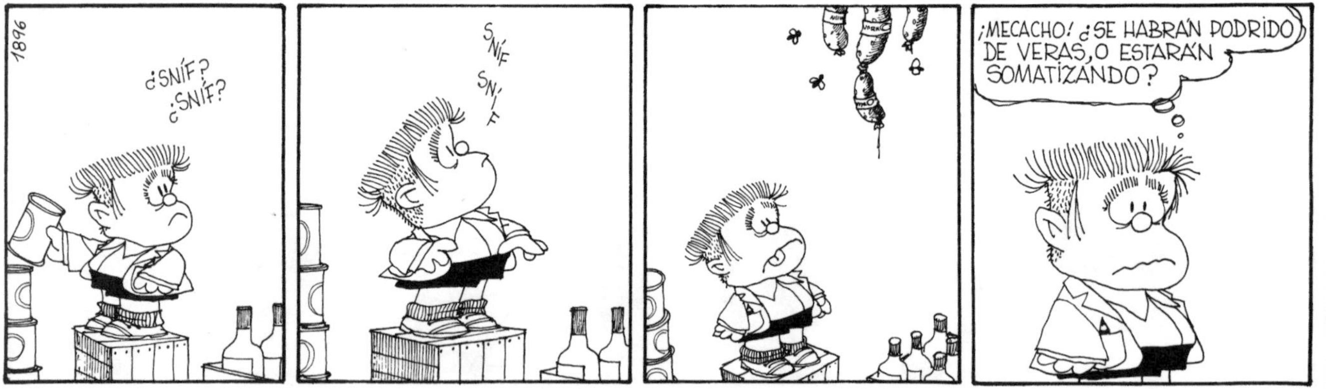
1896
¿SNÍF? ¿SNÍF?
SNÍF SNÍF
¡MECACHO! ¿SE HABRÁN PODRIDO DE VERAS, O ESTARÁN SOMATIZANDO?

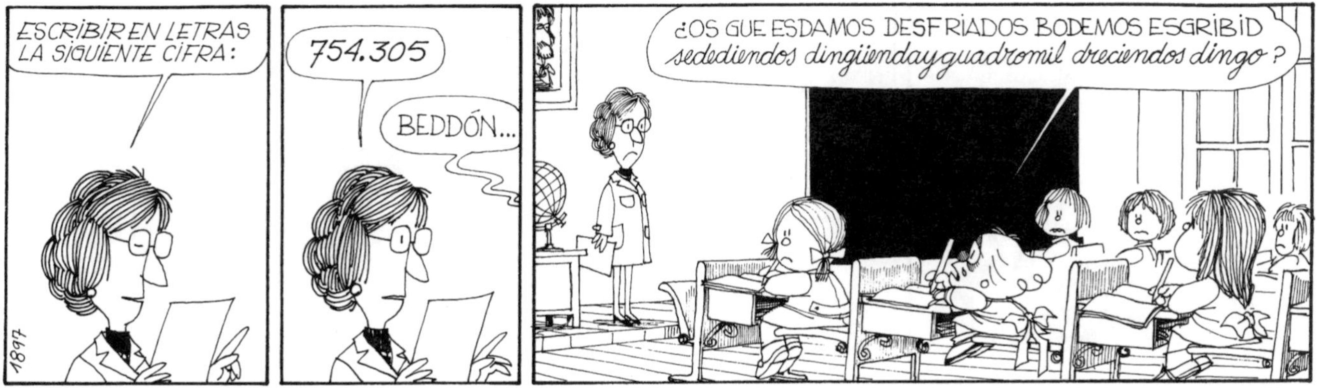
ESCRIBIR EN LETRAS LA SIGUIENTE CIFRA:
1897
754.305
BEDDÓN...
¿OS GUE ESDAMOS DESFRIADOS BODEMOS ESGRIBID sedediendos dingüendayguadromil dreciendos dingo?

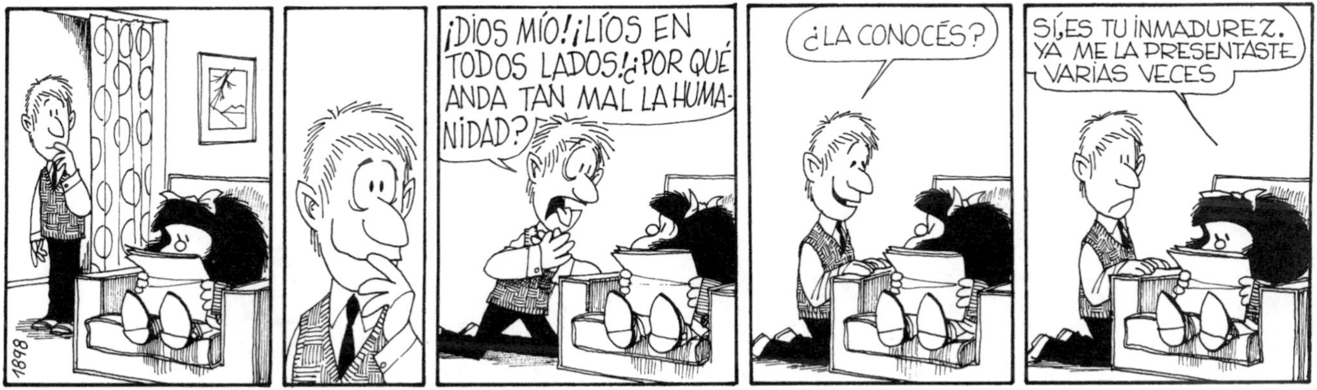
1898
¡DIOS MÍO! ¡LÍOS EN TODOS LADOS! ¿POR QUÉ ANDA TAN MAL LA HUMANIDAD?
¿LA CONOCÉS?
SÍ, ES TU INMADUREZ. YA ME LA PRESENTASTE VARIAS VECES

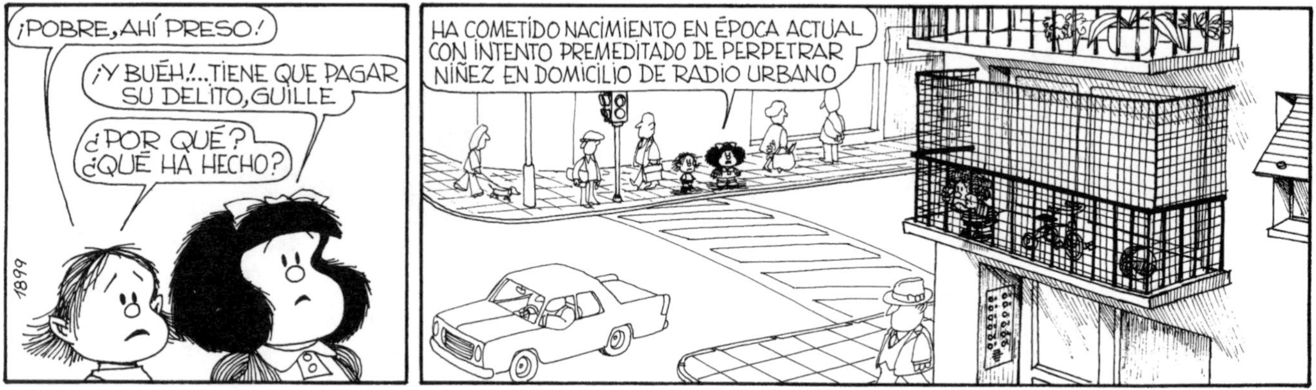

1899
¡POBRE, AHÍ PRESO!
¡Y BUÉH!... TIENE QUE PAGAR SU DELITO, GUILLE
¿POR QUÉ? ¿QUÉ HA HECHO?
HA COMETIDO NACIMIENTO EN ÉPOCA ACTUAL CON INTENTO PREMEDITADO DE PERPETRAR NIÑEZ EN DOMICILIO DE RADIO URBANO

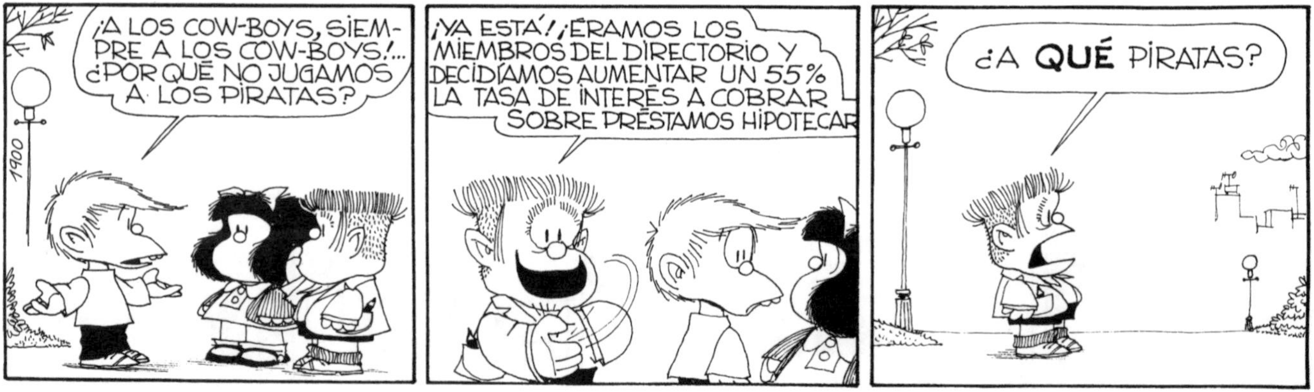

1900
¡A LOS COW-BOYS, SIEMPRE A LOS COW-BOYS!... ¿POR QUÉ NO JUGAMOS A LOS PIRATAS?
¡YA ESTÁ! ¡ÉRAMOS LOS MIEMBROS DEL DIRECTORIO Y DECIDÍAMOS AUMENTAR UN 55% LA TASA DE INTERÉS A COBRAR SOBRE PRÉSTAMOS HIPOTECAR
¿A **QUÉ** PIRATAS?

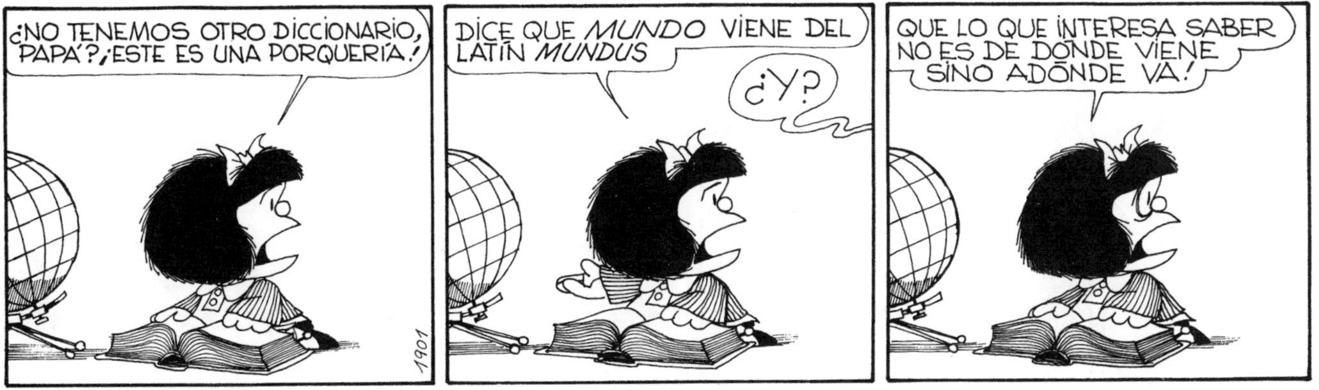
¿NO TENEMOS OTRO DICCIONARIO, PAPÁ? ¡ESTE ES UNA PORQUERÍA!
1901
DICE QUE *MUNDO* VIENE DEL LATÍN *MUNDUS*
¿Y?
QUE LO QUE INTERESA SABER NO ES DE DÓNDE VIENE SINO ADÓNDE VA!

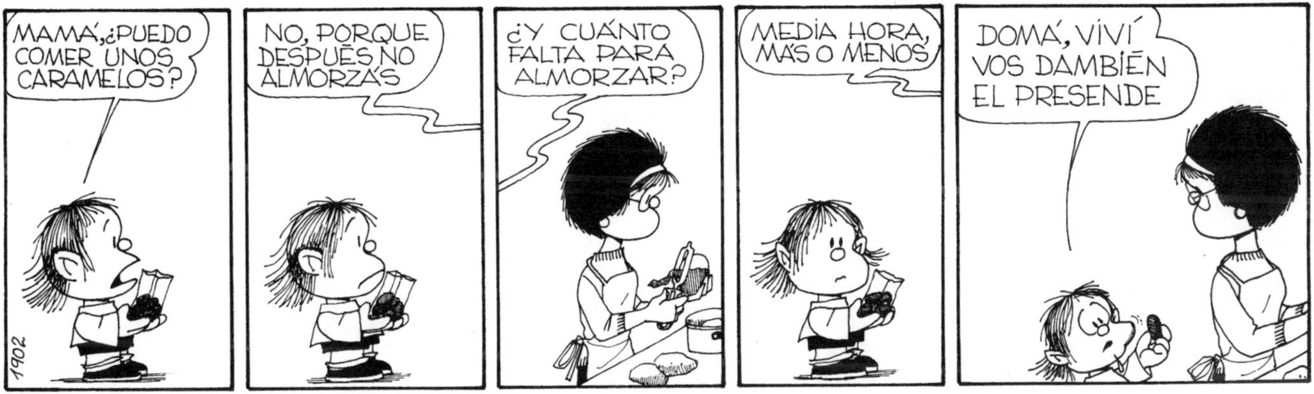
MAMÁ, ¿PUEDO COMER UNOS CARAMELOS?
1902
NO, PORQUE DESPUÉS NO ALMORZÁS
¿Y CUÁNTO FALTA PARA ALMORZAR?
MEDIA HORA, MÁS O MENOS
DOMÁ, VIVÍ VOS DAMBIÉN EL PRESENDE

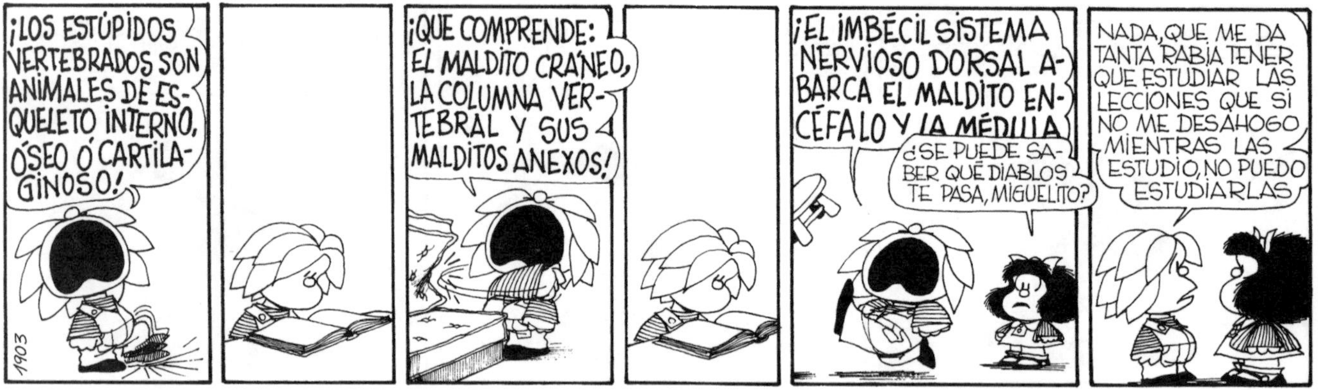
¡LOS ESTÚPIDOS VERTEBRADOS SON ANIMALES DE ESQUELETO INTERNO, ÓSEO Ó CARTILAGINOSO!
1903
¡QUE COMPRENDE: EL MALDITO CRÁNEO, LA COLUMNA VERTEBRAL Y SUS MALDITOS ANEXOS!
¡EL IMBÉCIL SISTEMA NERVIOSO DORSAL ABARCA EL MALDITO ENCÉFALO Y LA MÉDULA
¿SE PUEDE SABER QUÉ DIABLOS TE PASA, MIGUELITO?
NADA, QUE ME DA TANTA RABIA TENER QUE ESTUDIAR LAS LECCIONES QUE SI NO ME DESAHOGO MIENTRAS LAS ESTUDIO, NO PUEDO ESTUDIARLAS

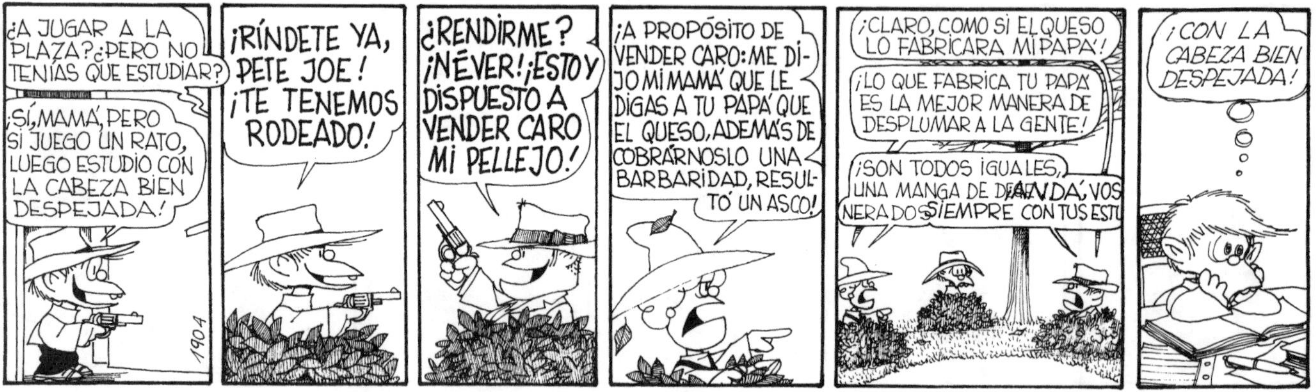
¿A JUGAR A LA PLAZA? ¿PERO NO TENÍAS QUE ESTUDIAR?
¡SÍ, MAMÁ, PERO SI JUEGO UN RATO, LUEGO ESTUDIO CON LA CABEZA BIEN DESPEJADA!
1904
¡RÍNDETE YA, PETE JOE! ¡TE TENEMOS RODEADO!
¿RENDIRME? ¡NÉVER! ¡ESTOY DISPUESTO A VENDER CARO MI PELLEJO!
¡A PROPÓSITO DE VENDER CARO: ME DIJO MI MAMÁ QUE LE DIGAS A TU PAPÁ QUE EL QUESO, ADEMÁS DE COBRÁRNOSLO UNA BARBARIDAD, RESULTÓ UN ASCO!
¡CLARO, COMO SI EL QUESO LO FABRICARA MI PAPÁ!
¡LO QUE FABRICA TU PAPÁ ES LA MEJOR MANERA DE DESPLUMAR A LA GENTE!
¡SON TODOS IGUALES, UNA MANGA DE DE NERADOS
¡ANDÁ, VOS SIEMPRE CON TUS ESTU
¡CON LA CABEZA BIEN DESPEJADA!

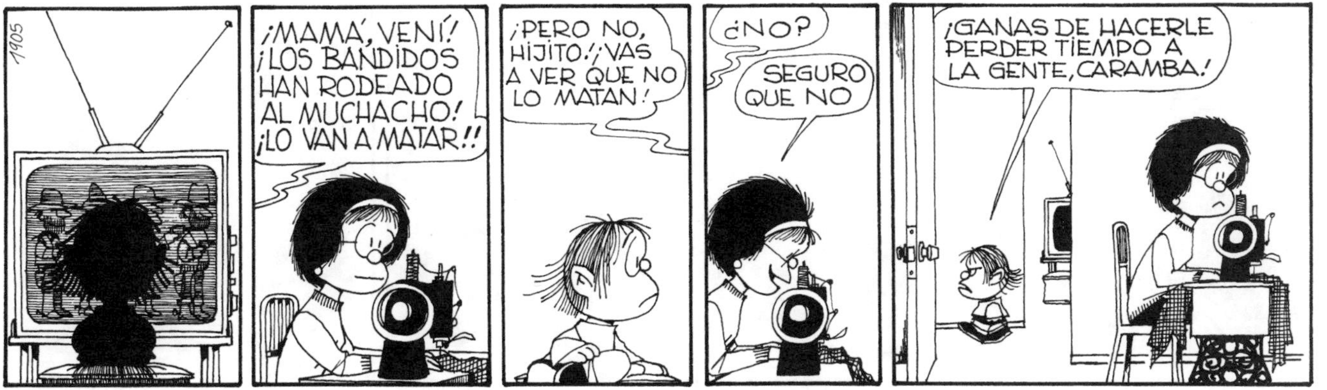
1905
¡MAMÁ, VENÍ! ¡LOS BANDIDOS HAN RODEADO AL MUCHACHO! ¡LO VAN A MATAR!!
¡PERO NO, HIJITO! ¡VAS A VER QUE NO LO MATAN!
¿NO?
SEGURO QUE NO
¡GANAS DE HACERLE PERDER TIEMPO A LA GENTE, CARAMBA!

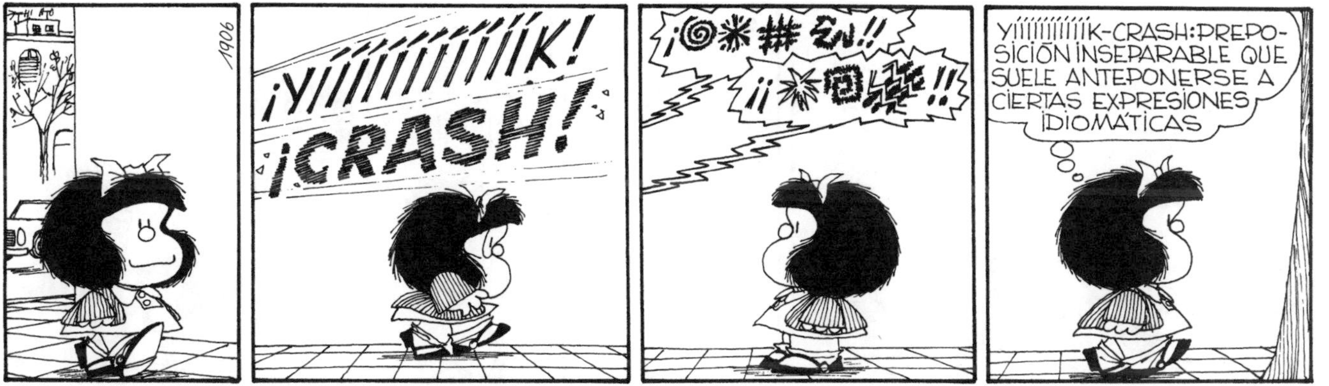
1906
¡YIIIIIIIIIIIIIK!
¡CRASH!
YIIIIIIIIIIIK-CRASH: PREPOSICIÓN INSEPARABLE QUE SUELE ANTEPONERSE A CIERTAS EXPRESIONES IDIOMÁTICAS

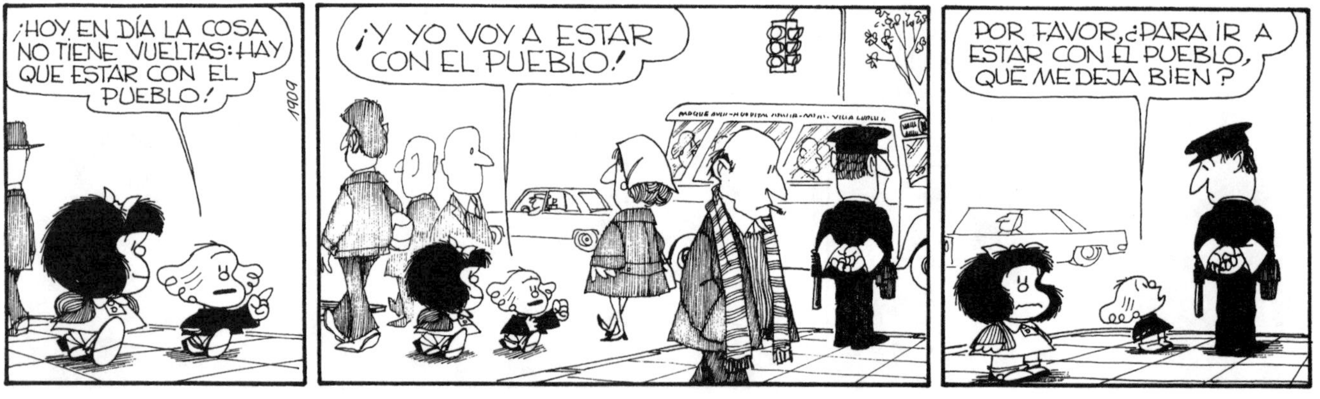
¡HOY EN DÍA LA COSA NO TIENE VUELTAS: HAY QUE ESTAR CON EL PUEBLO!
1909
¡Y YO VOY A ESTAR CON EL PUEBLO!
POR FAVOR, ¿PARA IR A ESTAR CON EL PUEBLO, QUÉ ME DEJA BIEN?

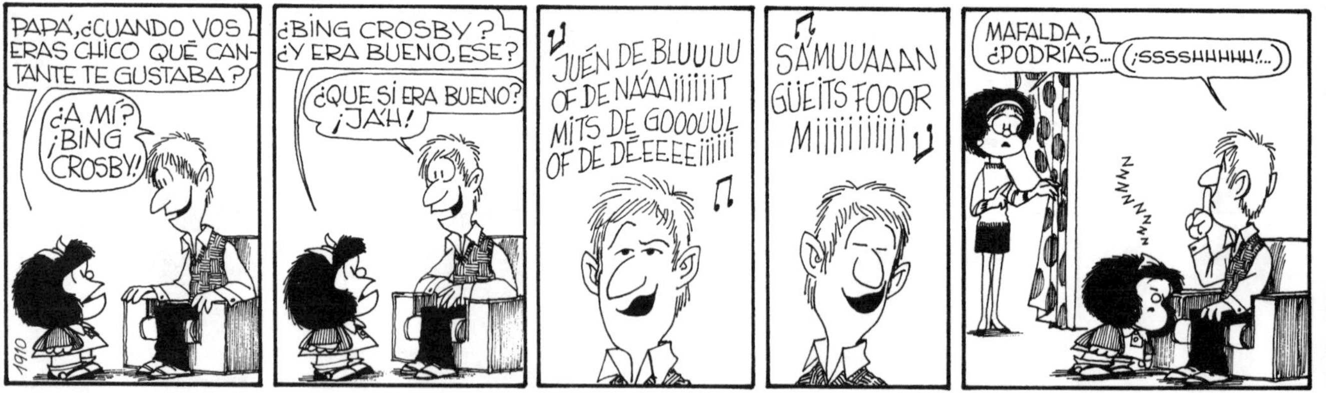
PAPÁ, ¿CUANDO VOS ERAS CHICO QUÉ CANTANTE TE GUSTABA?
¿A MÍ? ¡BING CROSBY!
1910
¿BING CROSBY? ¿Y ERA BUENO, ESE?
¿QUE SI ERA BUENO? ¡JÁH!
JUÉN DE BLUUUU OF DE NÁÁAiiiiiiT MITS DE GOOOUUL OF DE DEEEEEiiiiii
SÁMUUAAAN GÜEITS FOOOR Miiiiiiiiiii
MAFALDA, ¿PODRÍAS...
(¡SSSSHHHHH!...)

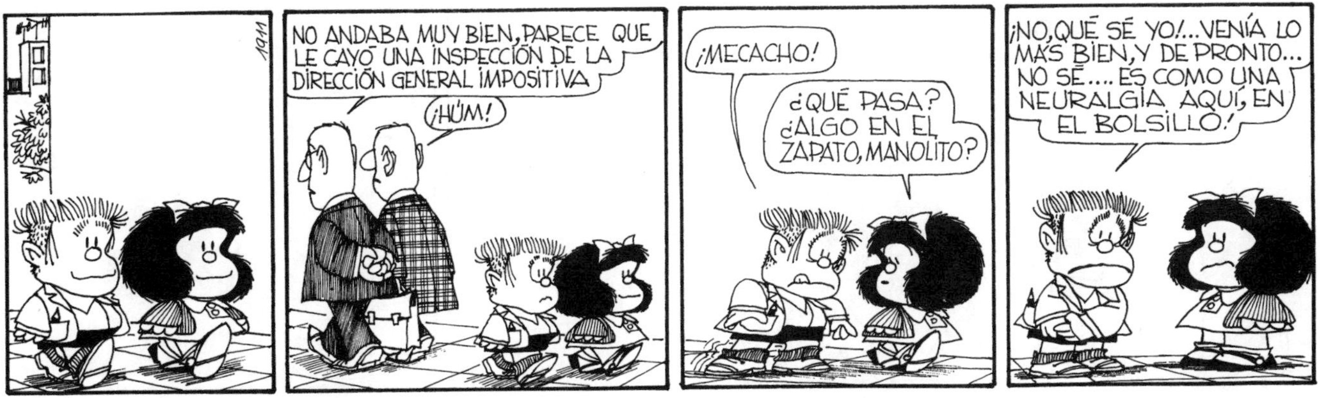
1911
NO ANDABA MUY BIEN, PARECE QUE LE CAYÓ UNA INSPECCIÓN DE LA DIRECCIÓN GENERAL IMPOSITIVA
¡HÚM!
¡MECACHO!
¿QUÉ PASA? ¿ALGO EN EL ZAPATO, MANOLITO?
¡NO, QUÉ SÉ YO!... VENÍA LO MÁS BIEN, Y DE PRONTO... NO SÉ.... ES COMO UNA NEURALGIA AQUÍ, EN EL BOLSILLO!

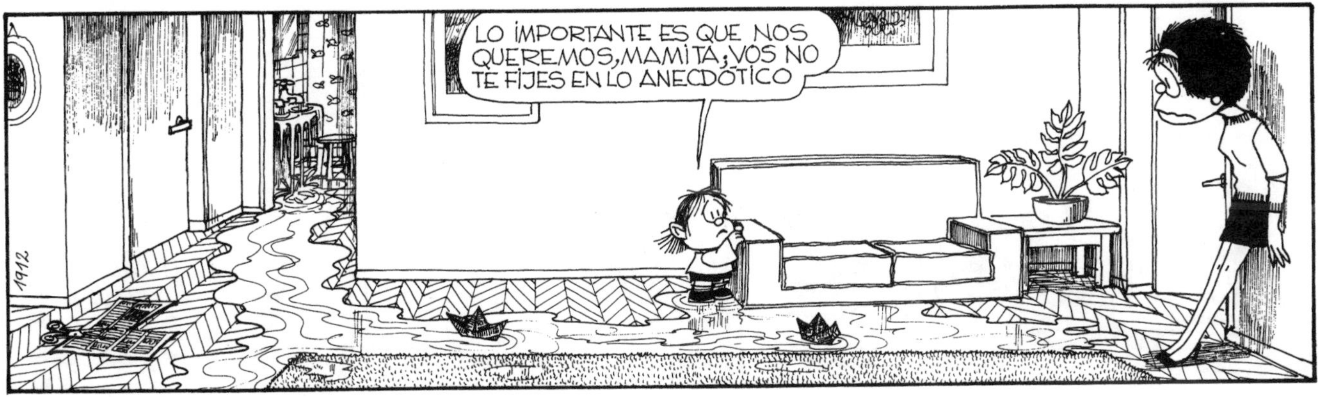
1912
LO IMPORTANTE ES QUE NOS QUEREMOS, MAMITA; VOS NO TE FIJES EN LO ANECDÓTICO

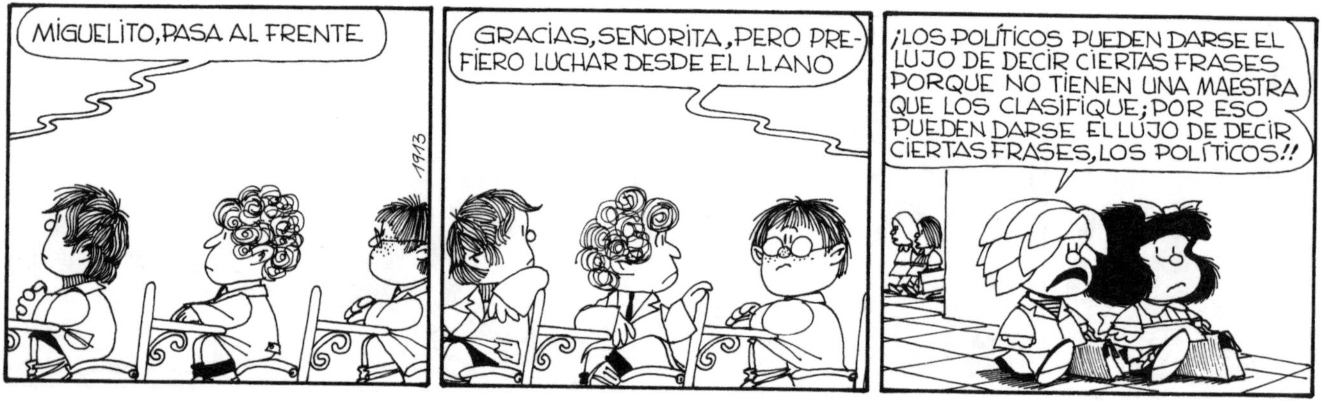
MIGUELITO, PASA AL FRENTE
1913
GRACIAS, SEÑORITA, PERO PREFIERO LUCHAR DESDE EL LLANO
¡LOS POLÍTICOS PUEDEN DARSE EL LUJO DE DECIR CIERTAS FRASES PORQUE NO TIENEN UNA MAESTRA QUE LOS CLASIFIQUE; POR ESO PUEDEN DARSE EL LUJO DE DECIR CIERTAS FRASES, LOS POLÍTICOS!!

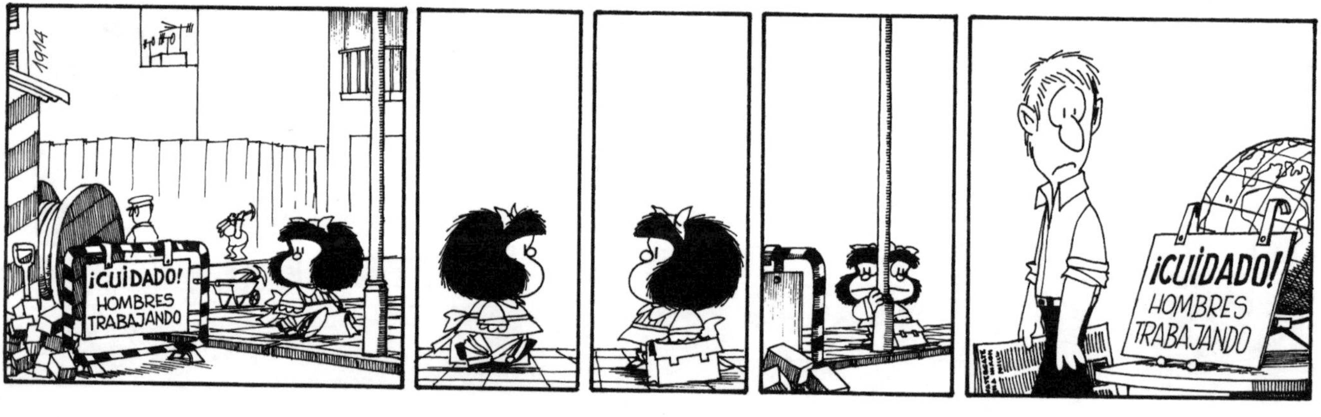
1914
¡CUIDADO!
HOMBRES
TRABAJANDO
¡CUIDADO!
HOMBRES
TRABAJANDO

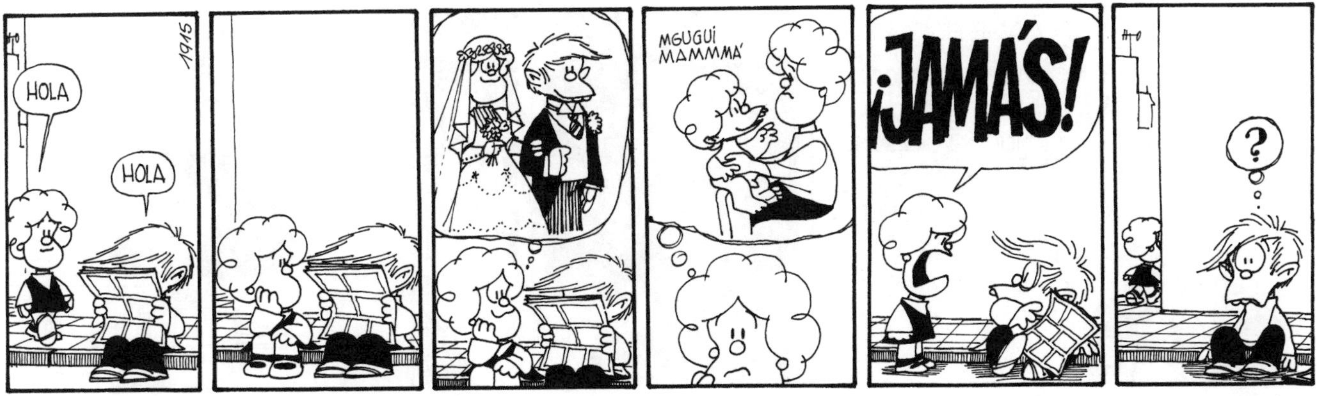
1915
HOLA
HOLA
MGUGUI
MAMMMÁ
¡JAMÁS!
?

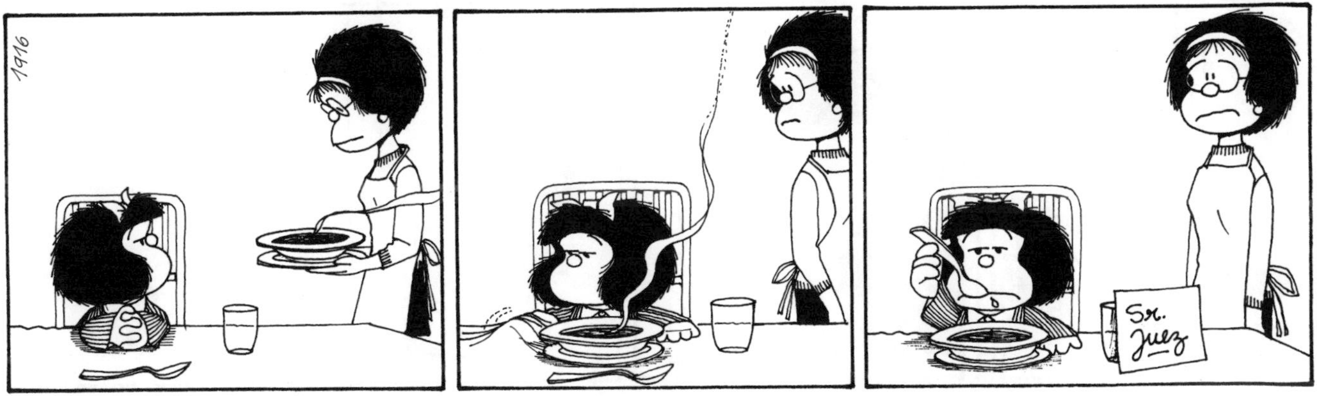
1916
Sr.
Juez

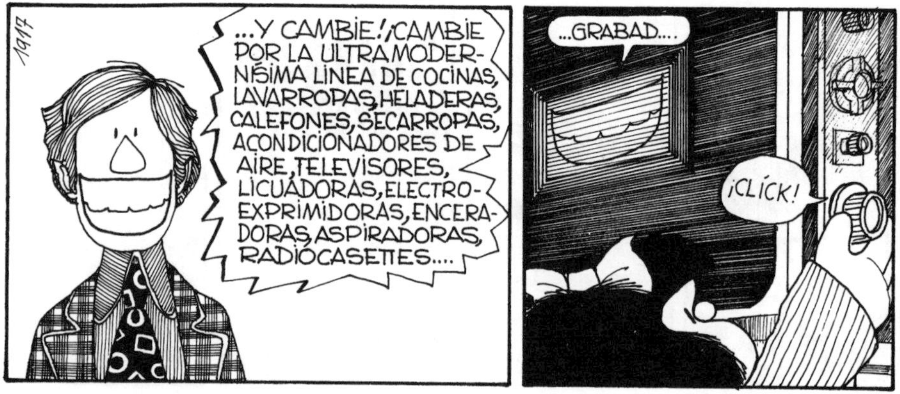
1917
...Y CAMBIE! ¡CAMBIE POR LA ULTRAMODERNÍSIMA LINEA DE COCINAS, LAVARROPAS, HELADERAS, CALEFONES, SECARROPAS, ACONDICIONADORES DE AIRE, TELEVISORES, LICUADORAS, ELECTROEXPRIMIDORAS, ENCERADORAS, ASPIRADORAS, RADIOCASETTES....
...GRABAD....
¡CLICK!
BUENO, ¿Y CUANDO LA SOCIEDAD DE CONSUMO LLEGUE A LA SACIEDAD DE CONSUMO, QUÉ?

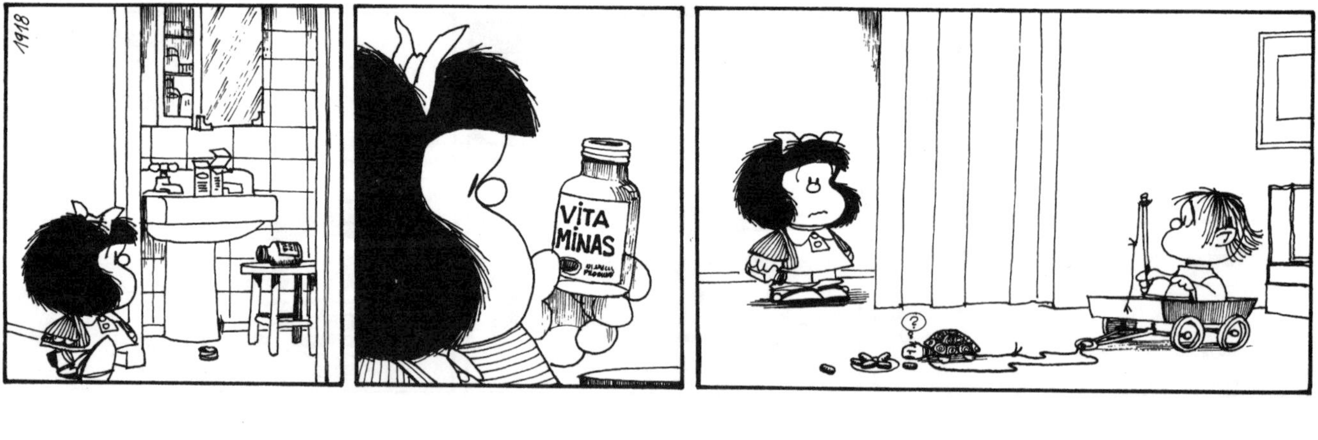
1918
VITA MINAS
?

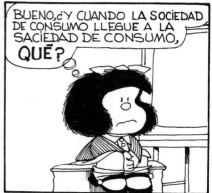

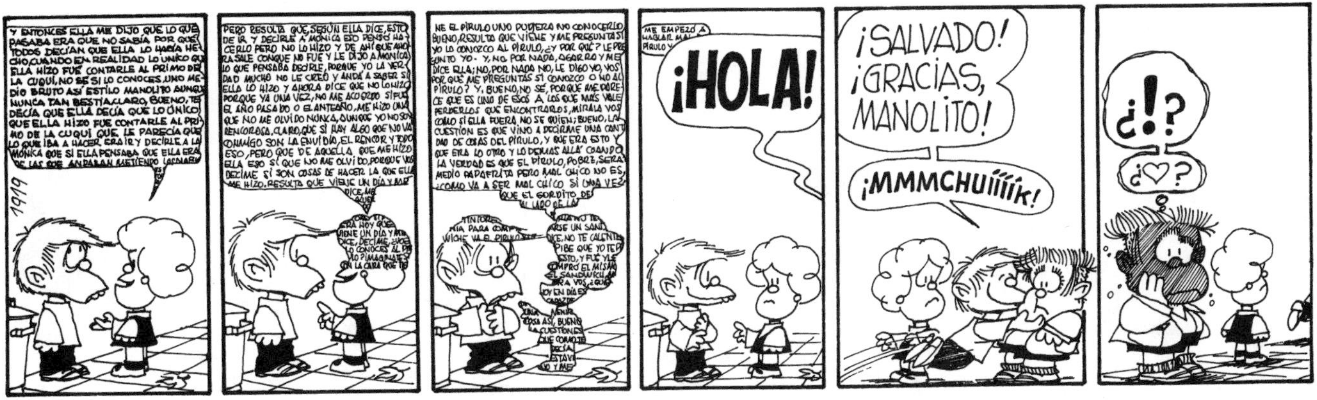
Y ENTONCES ELLA ME DIJO QUE LO QUE PASABA ERA QUE NO SABÍA POR QUÉ TODOS DECÍAN QUE ELLA LO HACÍA HECHO, CUANDO EN REALIDAD LO ÚNICO QUE ELLA HIZO FUÉ CONTARLE AL PRIMO DE LA CUQUI, NO SÉ SI LO CONOCES, UNO MEDIO BRUTO ASÍ ESTILO MANOLITO AUNQUE NUNCA TAN BESTIA, CLARO, BUENO, TE DECÍA QUE ELLA DECÍA QUE LO ÚNICO QUE ELLA HIZO FUE CONTARLE AL PRIMO DE LA CUQUI QUE LE PARECÍA QUE LO QUE IBA A HACER ERA IR Y DECIRLE A LA MÓNICA QUE SI ELLA PENSABA QUE ELLA ERA DE LAS QUE ANDABAN METIENDO LA...
1919
PERO RESULTA QUE, SEGÚN ELLA DICE, ESTO DE IR Y DECIRLE A MÓNICA ESO PENSÓ HACERLO PERO NO LO HIZO Y DE AHÍ QUE AHORA SALE CONQUE NO FUE Y LE DIJO A MÓNICA LO QUE PENSABA DECIRLE, PORQUE YO LA VERDAD MUCHO NO LE CREO Y ANDÁ A SABER SI ELLA LO HIZO Y AHORA DICE QUE NO LO HIZO PORQUE YA UNA VEZ, NO ME ACUERDO SI FUE EL AÑO PASADO O EL ANTEAÑO, ME HIZO UNA QUE NO ME OLVIDO NUNCA, AUNQUE YO NO SOY RENCOROSA, CLARO, QUE SI HAY ALGO QUE NO VA CONMIGO SON LA ENVIDIA, EL RENCOR Y TODO ESO, PERO QUE DE AQUELLA QUE ME HIZO ELLA ESO SÍ QUE NO ME OLVIDO, PORQUE VOS DECIME SI SON COSAS DE HACER LA QUE ELLA ME HIZO. RESULTA QUE VIENE UN DÍA Y ME DICE, ME...
...ERA HOY QUE VIENE UN DÍA Y ME DICE, DECIME, ¿VOS LO CONOCÉS AL PIRULO? ¡IMAGINATE! CON LA CARA QUE TIE...
...NE EL PIRULO UNO PUDIERA NO CONOCERLO. BUENO, RESULTA QUE VIENE Y ME PREGUNTA SI YO LO CONOZCO AL PIRULO, ¿Y POR QUÉ? LE PREGUNTO YO. Y, NO, POR NADA, AGARRA Y ME DICE ELLA; NO, POR NADA NO, LE DIGO YO, VOS POR QUÉ ME PREGUNTÁS SI CONOZCO O NO AL PIRULO? Y, BUENO, NO SÉ, PORQUE ME PARECE QUE ES UNO DE ESOS A LOS QUE MÁS VALE PERDERLOS QUE ENCONTRARLOS, MIRALA VOS COMO SI ELLA FUERA NO SÉ QUIÉN; BUENO, LA CUESTIÓN ES QUE VINO A DECIRME UNA CANTIDAD DE COSAS DEL PIRULO, Y QUE ERA ESTO Y QUE ERA LO OTRO Y LO DEMÁS ALLÁ CUANDO LA VERDAD ES QUE EL PIRULO, POBRE, SERÁ MEDIO PAPAFRITA PERO MAL CHICO NO ES, ¿CÓMO VA A SER MAL CHICO SI UNA VEZ QUE EL GORDITO DE AL LADO DE LA...
ME EMPEZÓ A HABLAR MAL DEL PIRULO Y...
¡HOLA!
¡SALVADO! ¡GRACIAS, MANOLITO!
¡MMMCHUÍÍÍÍK!
¿!?
¿♡?

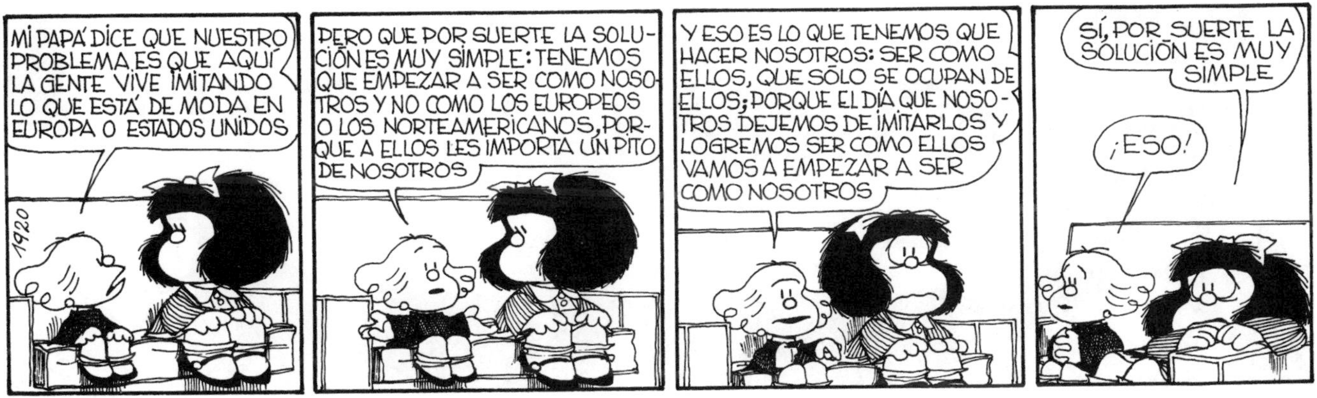
MI PAPÁ DICE QUE NUESTRO PROBLEMA ES QUE AQUÍ LA GENTE VIVE IMITANDO LO QUE ESTÁ DE MODA EN EUROPA O ESTADOS UNIDOS
1920
PERO QUE POR SUERTE LA SOLUCIÓN ES MUY SIMPLE: TENEMOS QUE EMPEZAR A SER COMO NOSOTROS Y NO COMO LOS EUROPEOS O LOS NORTEAMERICANOS, PORQUE A ELLOS LES IMPORTA UN PITO DE NOSOTROS
Y ESO ES LO QUE TENEMOS QUE HACER NOSOTROS: SER COMO ELLOS, QUE SÓLO SE OCUPAN DE ELLOS; PORQUE EL DÍA QUE NOSOTROS DEJEMOS DE IMITARLOS Y LOGREMOS SER COMO ELLOS VAMOS A EMPEZAR A SER COMO NOSOTROS
SÍ, POR SUERTE LA SOLUCIÓN ES MUY SIMPLE
¡ESO!

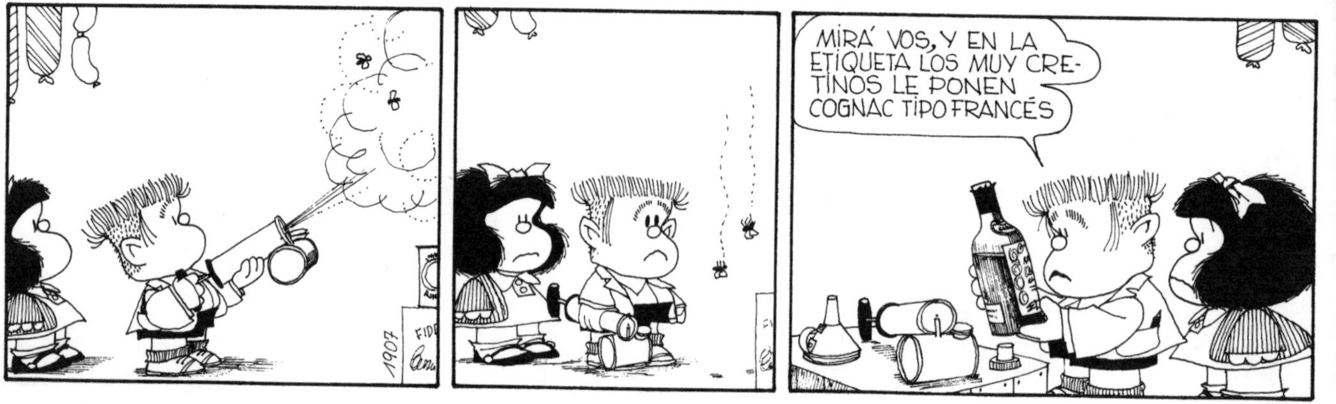
MIRÁ VOS, Y EN LA ETIQUETA LOS MUY CRETINOS LE PONEN COGNAC TIPO FRANCÉS
1907

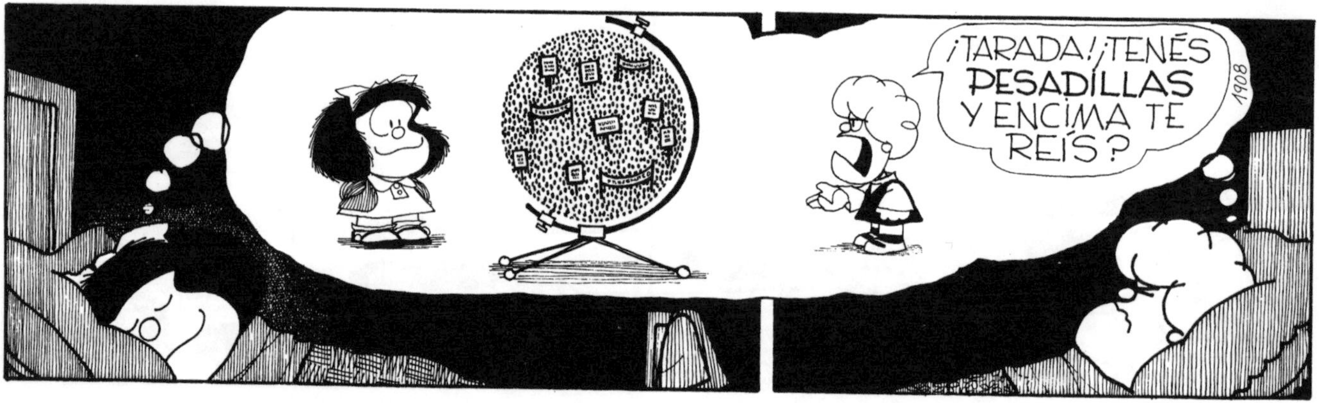
¡TARADA! ¿TENÉS PESADILLAS Y ENCIMA TE REÍS?
1908

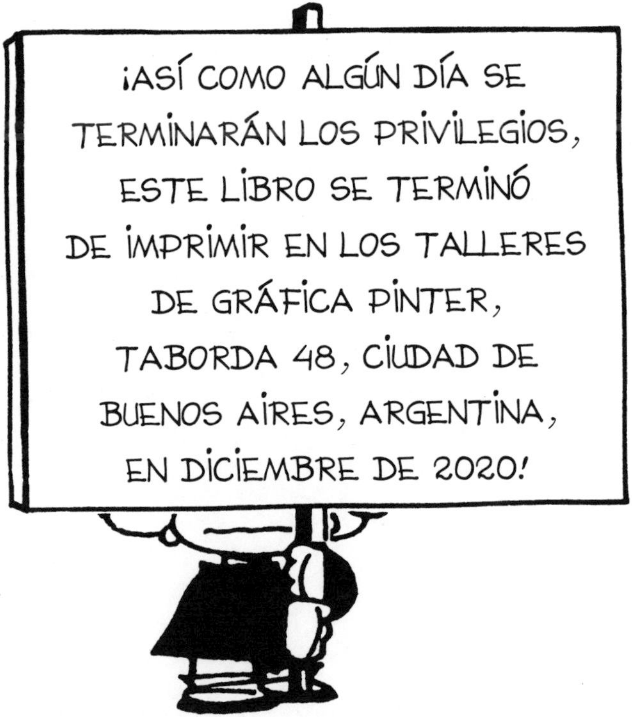
¡ASÍ COMO ALGÚN DÍA SE
TERMINARÁN LOS PRIVILEGIOS,
ESTE LIBRO SE TERMINÓ
DE IMPRIMIR EN LOS TALLERES
DE GRÁFICA PINTER,
TABORDA 48, CIUDAD DE
BUENOS AIRES, ARGENTINA,
EN DICIEMBRE DE 2020!

EDICIÓN 60, 3.000 EJEMPLARES